金花的秘密

〔德〕衛禮賢
〔瑞士〕榮格
著

楊瀅瑋
譯

古籍書局
THE ANCIENT WORKS BOOK LIMITED

金花的秘密

作　　者：［德］衛禮賢［瑞士］榮格 著；楊瀅瑋 譯

責任編輯：謙　和

裝幀設計：抱一工作室

出　　版：古籍書局有限公司

香港尖沙咀金巴利道 53 號

E-MAIL：qiandedushu@qq.com

發　　行：古籍書局有限公司

香港尖沙咀金巴利道 53 號

印　　刷：深圳市精一瑞蘭印刷有限公司

廣東省深圳市龍崗區南嶺龍山工業區 25 號 1-3

版　　次：2025 年 3 月第 1 版第 1 次印刷

定　　價：HK$ 48.00　NT$ 200.00

ISBN 978-988-70850-9-6

Published in Hong Kong , China

一幅密宗的金剛杵曼荼羅

為進入禪定狀態做準備

英譯本譯者序言

1929年秋，《金花的秘密》德文原版首次出版，而本書是其經認可的英文譯本。1930年3月1日，衛禮賢[1]辭世。同年5月，他的悼念儀式在慕尼黑舉行，榮格應邀發表主要講話。此英文譯本在衛禮賢去世一年多以後出版，而榮格的演講也收錄在此英文譯本中。這篇演講之所以會受到歡

①衛禮賢（Richard Wilhelm，1873—1930），德國傳教士、著名漢學家，翻譯出版了《老子》《莊子》《論語》《孟子》《列子》等中國傳統經典著作，還著有《實用中國常識》《老子與道教》《中國的精神》《中國文化史》《東方——中國文化的形成和變遷》《中國哲學》等等，是中西文化交流史上「中學西播」的一位功臣。——中譯者注

迎，不僅因爲它向讀者講述了衛禮賢的故事，還因爲它進一步闡明了東方的思想觀點。

西方與東方思想的關係是高度矛盾和令人費解的。一方面，正如榮格所指出的那樣，東方思想從無意識的後門悄悄進入到我們當中，並以非常態的形式強烈地影響著我們；另一方面，我們又以強烈的偏見排斥它，認爲它是一種對科學思維有害的精心編織的玄學。

如果有人對東方以隱秘的方式影響我們的深遠程度有所懷疑，那麼就讓他簡要地考察一下如今被稱爲「神秘思想」所涉及的各個領域吧。數以百萬計的人卷入了這些運動，而東方思想主導著所有這些運動。由於沒有任何跡象表明這些現象得到心理學上的理解，因此這些思想遭到徹底的扭曲，而這才是我們的世界面臨的眞正威脅。

對這一方向正在發生的事情的片面認識，加上西方人對內心世界體驗固有的無知和懷疑，形成了對眞正的東方智慧的偏見。當中國人的智慧呈現在西方人的面前時，他很可能會疑惑地揚起眉毛問：爲什麼如此高深的智慧沒有把中國從當前的苦難中解救出來呢？當然，他不會停下來想想，中國人也會同樣疑惑地問：爲什麼西方引以爲傲的科學知識，更不用說其同樣引以爲傲的基督教倫理學，沒有將西方從世界大戰中拯救出來呢？但事實上，中國的現狀並不能否定中國的智慧，世界大戰也不能證明科學是無用的。在這兩種情況中，我們都在討論東西方行爲準則的消極方面，無論是個人還是國家，都未能解決好各自德行上的惡習。只駕馭內心世界而相對輕視外部世界，必然會導致巨大的災禍。只駕馭外部世界而排斥內心世界，會使我們屈服於內心的邪惡力量，即便有著各種外在的文明形式，我們仍舊處於野蠻的狀態。無論是嘲笑東方精神信仰的無用性，還是猜疑科學並視之爲對人性的破壞，都不是解決問題的方法。我們必須認識到，精神必須依靠科學作爲它在現實世界中的嚮導，而科學也必須從精神中尋求生命的意義。

這就是《金花的秘密》一書要表達的觀點。通過衛禮賢和榮格的共同努力，我們第一次有了一種理解和欣賞東方智慧的途徑，這種智慧能讓我們內心的各個方面都獲得滿足。它跳脫出玄學的範疇，而被置於心理體驗的研究中。我們以一種全新的方法來探討它，就能免受西方狂熱迷信之徒對東方的歪曲。同時，當我們意識到，儘管我們與東方之間有著鴻溝，一旦我們關注內心世界，我們就會走上十分相似的道路，如此東方智慧對我們的意義就大大加深了。

這本書不僅爲我們提供了一種探討東方的新方法，還強化了西方對心靈的看法。如今正在發生的價值觀重塑迫使現代人走出集體傳統的幼兒世界，進入個人選擇的成人世界。現代人知道，他的選擇和命運現在取決於他對自我的瞭解。近年來，人們學到了很多關於心靈中之前未曾察覺的元素，但重點往往只放在靜態的一面，因此他發現自己只是擁有了一份內容清單，而其本質卻使他產生一種疲勞感，而不是激勵他去掌控他所面臨的問題。然而，正是這種從變化和更新的角度來認識自己的需要，才最能抓住現代人的想象力。當目覩了物質世界在他的科學眼光面前消失，又以能量世界的形式重新出現，他開始問自己一個大膽的問題：難道他的心靈中沒有蘊藏著尚未開發的力量嗎？如果能正確地瞭解它，這種力量能否爲他帶來新的自我認知，並有助於保障他的未來呢？在這本書中，他的問題會從兩個截然不同的源頭得到解答，一個是中國古代的瑜伽體系，另一個是分析心理學。拋開它古老的背景，《金花的秘密》呈現的正是潛藏在心靈中的成長力量的秘密，而這些力量也在西方人的心靈中顯露出來，這便構成了榮格評述的主題。榮格在其評述中指出了由正確處理心靈內在的力量而產生的深刻的心理發展。

在此書的德文版中，榮格的評述放在第一部分，其次是衛禮賢對文本的解釋，然後才是文本本身。應榮格的要求，此順序已經更改，將他的評述放在文本之後。

這一版的中文都採取了意譯。在必要的音譯方面，我要感謝亞瑟·韋利(Arthur Waley)先生，並要感謝基根·保羅、特倫奇、特魯伯納公司(Kegan Paul, Trench, Trubner and Co.)的埃格頓上校。後者非常慷慨地親自幫我編輯文稿。

爲了方便記住各種中文概念之間的關係，如「性命」、「鬼神」等，我增加了兩個小結，一個是文字形式，一個則是圖表。①

我很幸運能夠在榮格博士的指導下完成這一翻譯工作，還得到了榮格夫人更進一步的幫助，使我能夠克服困難並取得成功。

---

①由於這兩個小結是為了方便西方讀者記住書中提到的各種中文概念而繪製的，對中文讀者來說沒有多大意義，故中文譯本略去這兩個小結。——中譯者注

我也很榮幸能夠請埃拉·羅達基維奇(Erla Rodakiewicz)博士閱讀了全部手稿並給出指導意見，對於她的寶貴幫助，我深表感謝。

卡裡·F·貝恩斯(Cary F. Baynes)

1931年3月於蘇黎世

目 錄

衛禮賢的文本及解釋

一、《太乙金華宗旨》的起源和內容

1.此書的起源

此書來自中國的一個秘傳教派。長期以來，它都是口口相傳，然後才有了文字的流傳，於乾隆年間(18世紀)才第一次刊印成書。後來，此書(《太乙金華宗旨》)與《慧命經》的合訂本於1920年在北京印了一千冊，並在編者認爲能看懂此書內容的一小群人之間流傳。我就是通過這個途徑得到了其中的一本。這本小書得以重印和流通，那是緣於當時中國政治和經濟形勢在危急關頭時產生的一場新宗教運動。那時出現了一系列神秘教派，他們通過修習古時的秘密功法，使自己達到一種能超脫一切生活苦難的精神狀態。他們採用的方法包括畫符、祈禱、祭祀等。除此以外，還有在中國很盛行的通靈降神會，人們藉此與神靈直接連通，從而找到逝者的亡靈。人們還會進行扶乩[1]，中國人也稱之爲「鸞筆」。

但與這些做法同時存在的，還有一種秘傳的活動，修煉者將全部精力投入到精神層面上，那就是禪定或瑜伽修行。此法的修煉者與歐洲的瑜伽修行者不同。對歐洲的瑜伽修行者而言，這種方法只是一種運動形式，而修煉此法的人幾乎

---

① 奇怪的是，此書的傳播者通過扶乩為其寫了一篇出自呂祖的序言。呂祖是唐朝的一位祖師，這本典籍據說是他所作的。但這篇序言顯然與此書中所述的思想大相徑庭，就和大多數此類作品一樣，它的言語枯燥而平淡無趣。

無一例外是爲了達到修成正果的境界。因此可以說，中國人認爲他們掌握著一種完全可靠的方法來獲得某種特定的精神境界。（必須指出的是，正如榮格準確地指出的那樣，至少直到最近，中國人的心態在一些基本方面與歐洲人有本質上的不同。）除了從虛幻的外部世界的羈絆中解脫出來這一目標之外，不同的教派還追求許多其他的目標。那些最高層次的人通過禪定所獲得的解脫以追求佛教的涅槃，或者如此書中教義所說，通過將人的精神本原與相關的精神內力結合起來，從而爲死後的生命做好準備，這種死後的生命不僅僅是一種註定會衰壞的鬼魂，而且是一個有意識的靈體。此外，通常與這個理念有關的是，有一些思想流派試圖通過這種禪定對某些交感神經系統（我們歐洲人在這裡還會談到內分泌系統）施加心理影響，使得生命過程得到強化、恢復活力且變得正常，甚至可以戰勝死亡，使之成爲生命的和諧終點。此時，由自身力量產生的精神本原作爲靈體中一種獨立的生命延續體，拋棄了塵世的肉身，就像金蟬脫殼一樣從肉身中抽離出去。

層次較低的教派通過這種方式來求取法力，以圖驅邪除病，在此過程中，他們會用到口誦和書寫的符咒。有時，這類事情會導致集體性的精神失常，進而表現爲宗教或政治上的動蕩，例如義和團運動。最近，道教體現出明顯的派別融合趨勢，具體表現是：所有五大世界宗教（儒教、道教、佛教、伊斯蘭教和基督教，偶爾甚至還會特別提到猶太教）的信徒都可以加入道教，而無需脫離各自的宗教團體。

在簡要描述了這類運動產生的背景之後，有必要說明一下此書教義的來源。一些非常令人矚目的發現表明，這些教義比這本書成書的年代要古老得多。《太乙金華宗旨》[①]可以追溯到十七世紀，當時是刻印在木板上的。這個版本的編者告

①此合訂版的中國編者將書中的《太乙金華宗旨》改名為《長生術》。

訴我，他是在北京出售舊書和古董市場的琉璃廠找到了一份那個年代的殘本，後來又通過一位朋友的書才將其補充完整。但是，此書口述的傳承比這個刻印版本還要久遠，可以追溯到於唐代（八世紀）發展起來的金丹教。據說該教的創始人是著名的道教修行者呂岩（即呂洞賓），他在民間傳說中被列爲八仙之一，隨著時間的推移，圍繞他產生了許多神話傳說。這個教派和其他本土及外來宗教一樣，在唐代得到了朝廷的包容和鼓勵而得以壯大，但由於它一直是一個秘傳的教派，隨著時間的推移，因爲其成員被懷疑從事政治陰謀活動而開始遭受迫害。其信徒一再受到充滿敵意的朝廷的殘害，最後還在清朝政權即將垮臺前遭到極其殘酷的鎮壓。①此後許多信徒改信基督教，即使他們實際上沒有進過教堂，也對教堂抱持友好的態度。

　　我們這本書對金丹教進行了最爲詳盡的描

①1891年，一萬五千名金丹教成員被清政府軍殺害。

述。其中的話語均出自呂岩(又名呂洞賓，此書尊稱其爲呂祖)。他生活在公元八世紀末九世紀初，生於公元755年。正文後加入了後人的評注，而這些評注與原文是一脈相承的。

呂岩是從哪裡得到這種高深而神秘的學問的呢？他本人認爲這些學問是來源於關尹子(即看守函谷關的尹喜)。根據傳統說法，老子正是爲關尹子而寫下《道德經》。事實上，在這個體系中，我們可以發現許多思想是從《道德經》中深奧隱晦且神秘的教義中汲取出來的。例如，「神在谷中」[①]與老子的「谷神」其實是同一個意思。但在漢代，由於道家術士試圖通過煉金術找到可以從低級金屬中製成黃金並使人長生不老的金丹(點金石)，道教越來越淪爲一種外在的巫術。而呂岩的教導則代表著一種改革，點石成金變成了內心修煉的象徵。在這方面，他的指導接近老子原本的思想。然而，老子完全是一位自由的思想家，他的繼

①出自《太乙金華宗旨·回光證驗第六》。——中譯者注

承者莊子則蔑視所有瑜伽功法、自然治療師和長生不老藥追求者的各種花招，儘管他本人也曾修習禪定，並通過禪定悟得「合一」的觀點，並在此基礎上建立了他那博大的思想體系。不過呂岩在思想上有著某種信仰或某種宗教傾向，他雖受到佛教的影響而相信一切外在事物都是虛幻的，但其思想又與佛教有著明顯的區別。呂岩竭力在大千世界中尋找那個能讓修行人獲得永生的固定支點，這一思想與否認有任何實質自我存在的佛教完全不同。

然而，當時在中國占主導地位的大乘佛教的影響不可低估，佛經內容被一再引用。人們一般會認爲這部典籍會在很大程度上受到金丹教的影響，但實際上，它受佛教的影響甚至比金丹教的影響還要大。在書中第三章的後半部分明確提到了被稱爲「止觀」的方法，這是智顗大師的天台宗所修習的一種純佛教方法。

從這裡開始，我們會注意到此書的思路出現

了某種斷裂。一方面，它對「金花」的培育作了進一步的描述，但另一方面，又出現了出離塵世、斷然追求涅槃的純佛教思想。如果從整部作品的精神高度和嚴格的邏輯順序方面來考慮的話，那麼隨後的幾個章節①有些東拼西湊，價值並不大。此外，通過「回光」達到內在重生和締造聖胎的修煉只在其最初階段有所描述，儘管後面的階段被稱爲最終目標［對比柳華陽的《續命方》（即《慧命經》），它對後面階段的解釋更爲詳盡］。因此，我們不得不懷疑，部分手稿實際上已經遺失，而這些內容可能是從其他來源找來頂替的。如果眞是這樣，這就可以解釋前面提到的不連貫和未譯出的章節精神高度下降的原因了。

如果人們能不帶偏見地去閱讀此書，就會注意到道家和佛家這兩個思想來源並不足以涵蓋此書的所有思想。基於《易經》的儒家形式在書中也有所體現。《易經》的八個基本卦象在此書中的

①這些章節在此譯本中被省略了。

多個章節中被當作某些內心過程的象徵，我們在後面將嘗試解釋使用這些符號所產生的影響。此外，由於儒家與道家有著廣泛的共同基礎，所以這兩家思想的融合併不會使文章失去連貫性。

也許會讓許多歐洲讀者感到驚奇的是，經文中出現了他們所熟悉的基督教教義的說法，而另一方面，這些在歐洲經常被視爲教會措辭的衆人皆知的說法，在書中卻因爲它們被用於不同的心理情景而被賦予了完全不同的視角。我們看到了如下一些直覺和概念的表達，這裡只選取其中幾個特別明顯的例子：性命不可見，寄之天光。天光不可見，寄之兩目。精水和神火必須被植入如子宮或耕地一般的意土之中，人的精神就能從中獲得重生。讓我們來比較一下約翰的說法：「我用水給你們施洗。但在我以後要來的那一位，能力比我更大，他要用聖靈與火給你們施洗。」[①]再如，「人若不是從水和聖靈生的，就不

①出自《聖經·馬太福音3:11-13》。——中譯者注

能進神的國」[1]。在此書中，精水成了種子般的物質，這是多麼具有可塑性啊！在創生中耗盡自己的「神光外泄」（從肉身生的仍是肉身）與「逆法」（mentanoia）之間的區別是多麼明顯啊！

沐浴在重生中也起到一定的作用，正如它在約翰所宣揚的洗禮和基督教的洗禮中所發揮的作用一樣。甚至在基督教寓言中發揮重要作用的神秘婚姻也出現過數次。此書中也提到了在我們心中的那個男孩（puer aeternus，基督，他必須生自我們且是靈魂的新郎），還有新娘。而最令人驚訝的也許是一個看似微不足道的細節，那就是需要在油燈裡加油才能使之明亮地燃燒，這一點在此書中也具有了一種新的重大心理意義。值得一提的是，「金花」一詞在深層含義上包含了「光」，如果人們把這兩個字豎著來寫，上下相接，那麼上面那個字的下半部分和下面那個字的上半部分就會組成一個「光」字。顯然，這個秘密符號是在受迫

①出自《聖經·約翰福音3:5》。——中譯者注

害時期創造出來的，當時爲了進一步傳播教義，需要爲其蒙上一層神秘的面紗。這也是這一教義始終局限於秘密圈子的原因。即使在今天，它的實際信徒數量也比外界所看到的要多。

如果要問這種光的宗教信仰源自何處，我們首先會想到波斯，因爲在唐代，中國許多地方都有波斯神廟。然而，即使這種信仰的某些觀點與查拉圖斯特拉①的宗教尤其是波斯神秘主義相符，但這兩者之間也存在著非常大的差異。另一種值得考慮的觀點是，基督教對其產生了直接影響。在唐代，屬基督教支派的景教在當時備受青睞，信奉這一宗教的是與唐朝皇帝結盟的維吾爾族人，在西安府所立的那塊著名的「大秦景教流行中國碑」便是憑證，這塊碑立於781年，上面刻有中文和敍利亞文兩種文字。因此，景教和金

---

①查拉圖斯特拉（Zarathustra，又譯作「瑣羅亞斯德」，公元前628年—公元前551年），波斯拜火教的創始人。——中譯者注

丹教之間存在聯繫是十分有可能的。李提摩太（Th. Richard）甚至認爲金丹教只不過是古時景教的遺存。他之所以得出這個觀點，是因爲金丹教在儀式和某些傳統上非常接近於基督教的做法。後來，在伯希和（Pelliot）於敦煌發現的景教禮拜儀式的佐證下，佐伯好郎（P.Y.Saeki）[1]再次提出了這一理論，並進一步發現了二者之間的一系列相似之處。他甚至認爲金丹教的創始人呂岩與景教碑文的記錄者亞當有著某種關聯，後者在碑文落款時以中文名「呂秀岩」自稱。根據這一假設，金丹教的創始人呂岩可能是一位信奉景教的基督徒！佐伯好郎在樂於進行鑒定這條路上確實走得太遠了，他的所有證據幾乎都令人信服，但總是缺少能夠確定事實的關鍵點。許多局部證據並不能構成一個整體證明，但我們至少得承認，金丹教中確實摻雜了濃厚的景教思想，這一點在此書

---

①The Xestorian Monument in China. London, 2nd Edition, 1928.

中也顯而易見。這些思想一方面在陌生的外表下顯得非常奇怪，另一方面又呈現出一種顯著的新生命力。在這裡，我們又見到了那個被反復證明的觀點：東方和西方不會再被分隔。

2.此書的心理學和宇宙學背景

爲了方便理解以下譯文，有必要對書中的修行方法所依據的哲學基礎多說幾句。在某種程度上，這種哲學思想是所有中國思想流派的共同財富。它是建立在這樣一個前提下的，卽宇宙和人歸根到底都遵循共同的法則；人是一個小宇宙，與大宇宙之間並沒有任何固定的界限。相同的法則支配著這二者，而且能由此及彼，並由彼及此。心靈和宇宙之間的關係就像內部世界和外部世界之間的關係。因此，人生來就參與所有的宇宙事件，並且內心和外在都和這些事件交織在一起。

因此，「道」（世間的意義、道路）支配著人，也支配著無形和有形的自然（天與地）。「道」字最初的寫法含有一個「首」字（此處應作「開始」解），在其下方是表示「靜止站立」的字（在後來的寫法中被省略了）。因此，「道」字的本義是「一條直接從起點通向終點且本身固定的道路」。其基本思想是：道本身雖然是靜止的，卻是萬物運轉的方式，並賦予其法則。天道是星辰運行所遵循的道路；而人道則是人生必須遵循的道路。老子從玄學的意義上使用了「道」這個字，將其作爲世界的最終原則，作爲在任何認識產生（而且尚未被二元對立所劃分）之前就存在的意義。這一術語在此書中是有其預設含義的。

在儒家思想中，這一術語的含義有所不同。「道」在這裡具有內心世界的含義，指的是「正確的道路」；一方面指天道，另一方面指人道。對儒家而言，那未被分割的整體的最終本原就是「太極」。在此書中，「極」這個字偶爾也會出現，並且與「道」的意思相同。

從道或太極之中產生了現實世界的本原，其中一極是光明（陽），另一極是黑暗（陰）。一些歐洲研究者會首先將陰陽與性別聯繫起來進行解釋，但這兩個字本質上指的是自然現象。「陰」指的是陰影，因而指代山的北面和水的南面（因爲白天太陽的位置使得河流的南面看起來是陰暗的）。「陽」在其原始字形中表示飄揚的旗幟，與「陰」相對，指代山的南面和水的北面。從有了「光明」和「黑暗」的含義之後，這一本原隨後擴展到所有對立的事物之中，包括性別。然而，陰和陽僅在現象的範疇裡起作用，它們共同起源於一個未被分割的整體，陽作爲主動本原似乎是條件，而陰作爲被動本原則似乎是被衍生或受制約的。因此，很明顯，這些思想的基礎並不是形而上的二元論。源自《易經》的乾和坤這兩個概念不像陰和陽那麼抽象，它們分別象徵著天和地。通過天地的結合，以及在這一場景中兩種原始力量的活動（這種活動受「道」這個原始法則的支配），產生了「萬物」，卽外部世界。

從客觀上看，人作爲一個物質的有機體，所有部分也是一個小宇宙（小天地），所以人是「萬物」之一。因此，根據儒家思想，人的內在本性來自天，或按照道家的說法，它是「道」的一種顯現形式。人以此形式發展成多種多樣的個體，每個個體中都包含著作爲生命本原的核心一元；但在出生之前，甚至在受孕的那一刻，它就分化爲性和命這兩極。「性」這個字由「心」和「生」兩個字構成。根據中國人的觀念，心是情感意識之所在，五官從外部世界獲得的印象會產生情感反應，這種反應會把心喚醒。當情感沒有被表達出來時，那個作爲底層的東西，或者說，在先驗的超意識狀態下留存的東西就是性。根據這個更精確的定義，人們對「性」有了不同的理解。如果從永恒不變的角度來看，性本善（孟子的觀點）；如果從歷史經驗進化的角度來看，性本惡，或至少是中性的，人性必須通過漫長的風俗習慣發展才能變成善的(荀況的觀點)。

性無疑與理性(legos)相關，當進入現象世界時就與命緊密結合在一起。「命」字實際上意味著一種王命，然後指命運、宿命、壽命，所掌握的生命力，因此命與愛欲(eros)密切相關。性和命這兩種本原可以說是超個體的。作爲精神存在的人之所以能成爲人，正是由於性。個體的人都有性，但性遠遠超出了個體的界限。命也是超個體的，因爲人必須接受不是出於其意願的命運。儒家認爲命是一種人必須順應的天定法則；道家則將其視爲自然的多姿多彩的表現，它無法逃避道的法則，但這種表現純屬偶然；中國佛教則將命視爲業(karma)在虛幻的世界中所產生的作用。

與這種二元性相對應，在肉身的人之中對應著以下兩極張力。人的身體是由兩種心理結構的相互作用激活的：首先是魂，因爲它屬陽性，我將其譯爲「阿尼姆斯」(animus)[①]；其次是魄，屬陰性，我將其譯爲「阿尼瑪」(anima)[②]。這兩個概念都源於對死亡相關的事件的觀察，因此它們在書寫形式上都有一個「鬼」字，指死去的人。魄(阿尼瑪)被認爲與身體過程尤其相關；人死後，它就沉入地下並開始腐壞。另一方面，魂(阿尼

---

①衛禮賢對「阿尼姆斯」一詞的使用與榮格的概念截然不同，榮格認為「阿尼姆斯」是女性心理中的一個要素。榮格發現「魂」與理性(legos)的含義很接近，但不能用理性一詞表示「魂」，因為中國還有另一個概念更接近於「理性」，即「性」。另外，因為「魂」被描述為一種人格因素，而理性嚴格來說是非人格的。與「塵世靈魂」相對的「精神靈魂」一詞似乎涵蓋了衛禮賢所解釋的「魂」的含義。為了避免術語上的混淆，原計劃在英譯版本中進行這一修改，作者一致認為這一改動是可取的。但是，儘管提出這種替換無疑會方便讀者，並且不會改變意思，但這仍然需要對幾個段落進行重新安排，這樣會導致兩個版本之間的差異太大，因此並沒有作出改動。——英譯者注

②要注意的是，魄只對應於榮格所說的阿尼瑪概念的一個部分。在榮格的概念中，阿尼瑪的精神層面與動物層面同樣重要。——英譯者注

姆斯）則是更高級的靈魂；人死後，它就升到空中，先活動一段時間，然後會消散在虛空之中，或者說流回到生命之源。在活人中，這兩者在某種程度上對應於腦神經系統和交感神經系統。魂（阿尼姆斯）居於兩目，而魄（阿尼瑪）則居於腹部。魂（阿尼姆斯）是明亮而活躍的，而魄（阿尼瑪）則是黑暗而與大地相連的。魂字由「鬼」和「云」兩個漢字組成，而魄字則由「鬼」和「白」兩個漢字組成。這種思想類似於我們在其他地方看到的影子靈魂與身體靈魂的思想。毫無疑問，中國人的觀念就包含著這樣的思想。儘管如此，在探討其衍生含義時我們必須保持謹慎，因爲中國已知的最古老的文字中並沒有「鬼」字，因此我們這裡討論的可能是原始含義，其衍生含義已經丟失。無論如何，魂是光明的陽性靈魂，而魄則是陰暗的陰性靈魂。

通常未受約束的向下流動的生命過程[1]，是

[1]所用的德語詞是rechtlläufig，意指正常的流動。在文中，

兩種靈魂作爲理性因素和動物因素互相關聯的狀態。通常情況下，魄（阿尼瑪）這種盲目的意志在激情的驅使下，迫使魂（阿尼姆斯）或理智爲其服務。至少，魄（阿尼瑪）會讓理智指向外部，從而導致魄（阿尼瑪）和魂（阿尼姆斯）的能量都逐漸流失，生命也因此消耗殆盡。好的結果是產生出新的存在，生命得以延續，而原有的存在則「外化」並「最終被物變爲物」，最終的結果就是死亡。魄（阿尼瑪）下沉，魂（阿尼姆斯）上升，而自我在失去能量後就被留在一種混沌的狀態之中。

這個詞描述了身體內從上至下流動的能量，所以除了此處作了說明以外，所有其他情況下我都將其譯為「向下流動」。當體內的能量不被允許按照自然的、向下的路徑流動而被阻塞時，文中將其描述為反向流動（rückläufig）。瑜伽教導了一種禪坐的技巧，可以使自然的流動逆轉，使能量上升到更高的中心，在那裡轉化為精神。且不論這個最終結果，學習分析心理學的人很容易看到這兩種能量流與外向性和內向性概念之間的聯繫。一個重要的區別在於，外向性和內向性僅適用於心理能量，而中國的概念似乎包括心理和生理過程。——英 譯者注

如果自我已經默許了「外化」，它就會順著向下的拉力陷入沉悶痛苦的死亡之中，僅僅依靠那些依然吸引著它的生命幻象來維持生存，但卻無法積極參與任何事情（地獄、餓鬼）。但如果自我努力地向上升而不理會「外化」的過程，實際上，只要它得到家屬供奉的能量的加持，它就會根據自己的功過在一段時間內維持相對幸福的生活。在這兩種情況下，如果自我追隨魄（阿尼瑪），個人因素就會退卻，隨之而來的是與「外化」程度相應的退化。此時，該存在就變成了一個虛弱無力的幽靈，因爲生命的能量消失了，它的命運也走向終結。這時，它在天堂或地獄中接受自己善惡的果報，但天堂或地獄並不是外在的事物，而是純粹的內心狀態。它越是沉浸在這些狀態中，就越是受其糾纏，直到最終它從存在（不管哪種性質）的層面消失，然後進入一個新的子宮，開始一種由它所儲存的影像和記憶組成的新的存在。這種狀態就是鬼，而中文的這個「鬼」字常常被錯誤地翻譯為「魔鬼」。

另一方面，如果活著的時候能夠啟動「逆流」，使生命能量上升，如果魄（阿尼瑪）的力量由魂（阿尼姆斯）所掌控，那麼就能從外界事物中解脫出來。外界事物雖然認識但不再渴求，因此，幻象失去了力量，一種內在的上升力量循環開始運作。自我從世間的糾纏中抽離，在死後仍然活著，因為「內化」阻止了生命能量在外部世界的耗費。這些能量沒有消散，而是在單子（不可分割的實體）的內在旋轉中形成了一個獨立於肉體存在的生命中心。這樣的自我就是神。「神」字的意思是伸展、起效，簡而言之，它與「鬼」相對。在最古老的漢字寫法中，「神」由一段雙波浪線表示，有雷、閃電、電活動的意思。只要內在旋轉持續下去，這樣的存在就不會消散。同時，它也能以無形的方式影響人們產生偉大的思想和高尚的行為。古代的聖賢就是這樣的存在，幾千年來他們一直激勵和教育著人類。

但他們還是有些局限。這些存在保留了人格特徵，因此受到空間和時間的影響。他們並不是不朽的，就如天地並不是永恒的一樣。只有從內在擺脫了萬物的束縛的金花是永恒的。達到這一境界的人轉變了其自我，他不再受限於個體，而是跳脫出所有現象層面的二元對立，回歸到混沌未開的「一」（即「道」）之中。此處佛教與道教的觀點有所不同。在佛教中，這種回歸涅槃與自我的完全湮滅有關，自我和世間一樣都是虛幻不實的。即使涅槃不能解釋爲死亡或終止，但它仍然是超越的。而在道教中，目標則是以一種改變形相的形式保留個人的思想和人身所留下的「痕跡」。這就是和生命一起回歸自身的光，在此書中以金花爲象徵。

作爲補充，我們還必須對書中《易經》八卦的使用做一些說明。震卦(☳)代表雷、生發，是從大地深處爆發的生命，它是所有運動的開始。巽卦(☴)代表風、木、溫和，象徵現實的力量轉化為思想的形式。正如風能吹遍所有地方，巽卦代表穿透一切，並能帶來「領悟」。離卦(☲)代表太陽、火、明亮，在這種光的宗教中起著重要作用。它居於目，形成保護圈，並帶來重生。坤卦(☷)代表地、接受，是兩個原始本原之一，卽在地的力量中顯現出來的陰性。正是這片耕作過的大地接受了天的種子並賦予其形態。兌卦(☱)代表湖泊、霧氣、寧靜，是陰性的終極狀態，因此屬於秋天。乾卦(☰)代表天、創造、強健，是陽性的現實形式，滋養著坤。坎卦(☵)代表水、深不可測，與離卦相對，這在其卦形上可以看出來。坎卦代表愛欲，而離卦則代表理性。離是太陽，坎是月亮。坎與離的結合是一個神奇的秘密過程，它們孕育了孩子，孕育了新人。艮卦(☶)代表山、寧靜，象徵禪定，卽通過使外界事物保持靜止而使內心世界變得更活躍。因此，艮是生與死相遇之處，是「死而重生」得以完成的地方。

《太乙金華宗旨》原文(前八章) ①

天心第一

呂祖曰：自然曰道，道無名相，一性而已，一元神而已。性命不可見，寄之天光。天光不可見，寄之兩目。古來仙眞，口口相傳，傳一得一。自太上見化，東華遞傳某，以及南北兩宗，全眞可爲極盛。盛者盛其徒衆，衰者衰於心傳。以至今日，濫泛極矣，淩替極矣！極則返，故蒙淨明許祖，垂慈普度，特立教外別傳之旨，接引

① 《太乙金華宗旨》原文共十三章，而衛禮賢只翻譯了前八章，有個別段落及後五章均沒有譯出。考慮到這部經典的經文言辭較為淺顯，衛禮賢的翻譯對中國讀者的參考價值不大，所以此處略去譯文，而以經典的原文代替。——中譯者注

上根。聞者千劫難逢，受者一時法會，皆當仰體許祖苦心。必於人倫日用間，立定腳跟，方可修眞悟性。我今叨爲度師，先以「太乙金華宗旨」發明，然後細爲開說。「太乙」者，無上之謂。丹訣總假有爲而臻無爲，非一超直入之旨。所傳宗旨，直提性功，不落第二法門，所以爲妙。「金華」卽光也，光是何色?取象於金華，亦秘一光字在內，是先天太乙之眞炁。「水鄉鉛，只一味」者，此也。回光之功，全用逆法，注想天心，天心居日月中。《黃庭經》云:「寸田尺宅可治生。」尺宅，面也。面上寸田，非天心而何?方寸中具有郁羅蕭臺之勝，玉京丹闕之奇，乃至虛至靈之神所住。儒曰「虛中」;釋曰「靈臺」;道曰「祖土」、曰「黃庭」、曰「玄關」、曰「先天竅」。蓋天心猶宅舍一般，光乃主人翁也。故一回光，周身之炁皆上朝，如聖王定都立極，執玉帛者萬國;又如主人精明，奴婢自然奉命，各司其事。諸子只去回光，便是無上妙諦。光易動而難定，回之既久，此光凝結，即是自然法身，而凝神於九霄之上矣。《心印經》所謂「默朝飛升」者，此也。

宗旨行去，別無求進之法，只在純想於此。《楞嚴經》云：「純想即飛，必生天上。」天非蒼蒼之天，即生身於乾宮是也。久之，自然身外有身。「金華」即金丹，神明變化，各師於心，此中妙訣，雖不差毫末，然而甚活。全要聰明，又須沉靜，非極聰明人行不得，非極沉靜人守不得。

元神識神第二

呂祖曰：天地視人如蜉蝣，大道視天地亦泡影。惟元神眞性，則超元會而上之。其精氣則隨天地而敗壞矣。然有元神在，即無極也。生天生地，皆由此矣。學人但能守護元神，則超生在陰陽之外，不在三界之中。此惟見性方可，所謂本來面目也。凡人投胎時，元神居方寸，而識神則居下心。下面血肉心，形如大桃，有肺以覆翼之，肝佐之，大小腸承之。假如一日不食，心上便大不自在，以至聞驚而跳，聞怒而悶，見死亡則悲，見美色則眩，頭上天心何嘗微微些動也。問：天心不能動乎？方寸中之眞意，如何能動。到動時便不妙，然亦最妙，凡人死時方動，此爲不妙。最妙者，光已凝結爲法身，漸漸靈通欲動矣，此千古不傳之秘也。

下識心如強藩悍將，欺天君暗弱，便遙執紀綱。久之，太阿倒置矣。今凝守元宮，如英明之主在上；二目回光，如左右大臣盡心輔弼。內政既肅，自然一切奸雄無不倒戈乞命矣。

丹道以精水、神火、意土三者爲無上之訣。精水云何？乃先天眞一之炁。神火，卽光也。意土，卽中宮天心也。以神火爲用，意土爲體，精水爲基。凡人以意生身，身不止七尺者爲身也。蓋身中有魄焉，魄附識而用，識依魄而生。魄，陰也，識之體也。識不斷，則生生世世，魄之變形易質無已也。惟有魂，神之所藏也。魂晝寓於目，夜舍於肝。寓目而視，舍肝而夢。夢者，神游也。九天九地，剎那歷遍。覺則冥冥焉，淵淵焉，拘於形也，即拘於魄也。故回光所以煉魂，即所以保神，即所以制魄，即所以斷識。古人出世法，煉盡陰滓，以返純乾，不過消魄全魂耳。回光者，消陰制魄之訣也。雖無返乾之功，止有回光之訣。光即乾也，回之即返之也。只守此法，自然精水充足，神火發生，意土凝定，而聖胎可結矣。蜣螂轉丸，而丸中生白，神注之純功也。糞丸中尚可生胎離殼，而吾天心休息處，注神於此，安得不生身乎。

　　一靈眞性，既落乾宮，便分魂魄。魂在天心，陽也，輕清之氣也，此自太虛得來，與元始同形。魄，陰也，沉濁之氣也，附於有形之凡心。魂好生，魄望死。一切好色動氣皆魄之所爲，即識神也。死後享血食，活則大苦。陰返陰也，物以類聚也。學人煉盡陰魄，即爲純陽也。

回光守中第三

呂祖曰：回光之名何昉乎?昉之自文始眞人也。回光則天地陰陽之氣無不凝，所謂「精思」者此也，「純炁」者此也，「純想」者此也。初行此訣，乃有中似無。久之功成，身外有身，乃無中似有。百日專功，光才眞，方爲神火。百日後，光中自然一點眞陽，忽生黍珠，如夫婦交合有胎，便當靜以待之。光之回，卽火候也。

夫元化之中，有陽光爲主宰，有形者爲日，在人爲目，走漏神識，莫此甚順也。故金華之道，全用逆法。回光者，非回一身之精華，直回造化之眞炁：非止一時之妄念，直空千劫之輪回。故一息當一年，人間時刻也；一息當百年，九途長夜也。凡人自团的一聲之後，逐境順生，至老未嘗逆視，陽氣衰滅，便是九幽之界。故《楞嚴經》云：「純想卽飛，純情卽墮。」學人想少情多，沉淪下道。惟諦觀息靜，便成正覺，用逆法也。《陰符經》云：「機在目。」《黃帝素問》云：「人身精華，皆上注於空竅」是也。得此一節，長生者在茲，超陞者亦在茲矣。此是貫徹三教工夫。

修行次第一：聚光

光不在身中，亦不在身外，山河大地，日月照臨，無非此光，故不獨在身中。聰明智慧，一切運轉，亦無非此光，所以亦不在身外。天地之光華，布滿大千，一身之光華，亦自漫天蓋地。所以一回光，天地山河一切皆回矣。人之精華，上注於目，此人身之大關鍵也。子輩思之，一日不靜坐，此光流轉，何所底止?若一刻能靜坐，萬劫千生，從此了徹。萬法歸於靜，眞不可思議，此妙諦也。然工夫下手，由淺入深，由粗入細，總以不間斷爲妙。工夫始終則一，但其間冷暖自知，要歸於天空海闊，萬法如如，方爲得手。

聖聖相傳，不離反照。孔云:「致知」;釋曰:「觀心」;老云:「內觀」，皆此法也。但反照二字，人人能言，不能得手，未識二字之義耳。反者，自知覺之心，反乎形神未兆之初，卽吾六尺之中，反求個天地未生之體。今人但一、二時中間靜坐，反顧己私，便云反照，安得到頭?

佛道二祖，教人看鼻尖者，非謂著念於鼻端也，亦非謂眼觀鼻端，念又注中黃也。眼之所至，心亦至焉，何能一上而一下也?又何能忽上而忽下也?此皆誤指而爲月。畢竟如何?曰「鼻端」二字最妙，只是借鼻以爲眼之準耳。初不在鼻上，蓋以大開眼，則視遠，而不見鼻矣；太閉眼，則眼合，亦不見鼻矣。大開失之外走，易於散亂；太閉失之內馳，易於昏沉。惟垂簾得中，恰好望見鼻端，故取以爲準。只是垂簾恰好，任彼光自然透入，不勞你注射與不注射。

看鼻端，只於最初入靜處舉眼一視，定個準則便放下。如泥水匠人用線一般，彼自起手一掛，便依了做上去，不只管把線看也。

止觀是佛法，原不秘的。以兩目諦觀鼻端，正身安坐，繫心於緣中(道言中黃，佛言緣中，其實一也)，不必言頭中，但於兩目中間齊平處繫念便了。光是活潑潑的東西，繫念於兩目中間，光自然透入，不必著意於中宮也。此數語已括盡要旨。其餘入靜出靜前後，以《小止觀》書印證可也。

「緣中」二字極妙。「中」無不在，遍大千皆在裡許，聊指造化之機，緣此入門耳。「緣」者，緣此爲端倪，非有定著也。此二字之義，活甚妙甚。

「止觀」二字，原離不得，即定慧也。以後凡念起時，不要仍舊兀坐。當究此念在何處，從何起，從何滅，反復推窮，了不可得，即見此念起處也，不要又討過起處。「覓心了不可得，吾與汝安心竟」，此是正觀。反此者，名爲邪觀。如是不可得已，即仍舊綿綿去，止而繼之以觀，觀而繼之以止，是定慧雙修，此爲回光。回者，止也；光者，觀也。止而不觀，名爲有回而無光；觀而不止，名爲有光而無回。志之。

回光調息第四

呂祖曰：宗旨只要純心行去，不求驗而驗自至。大約初機病痛，昏沉、散亂二種盡之。卻此有機竅，無過寄心於息。息者，自心也，自心爲息。心一動而卽有氣，氣本心之化也。吾人念至速，霎頃一妄念，卽一呼吸應之。故內呼吸與外呼吸，如聲響之相隨，一日有幾萬息，卽有幾萬妄念。神明漏盡，如木槁灰，死矣。然則欲無念乎？不能無念也。欲無息乎？不能無息也。莫若卽其病而爲藥，則心息相依是已。故回光兼之以調息，此法全用耳光。一是目光，一是耳光。目光者，外日月交光也；耳光者，內日月交精也。然精卽光之凝定處，同出而異名也。故聰明總一靈光而已。坐時用目垂簾後，定個準則便放下。然竟放下，又恐不能，卽存心於聽息。息之出入，不可使耳聞，聽惟聽其無聲也。一有聲，便粗浮而不入細，即耐心輕輕微微些，愈放愈微，愈微愈靜。久之，忽然微者遽斷，此則眞息現前，而心體可識矣。蓋心細則息細，心一則動炁也；息細則心細，炁一則動心也。定心必先之以養炁者，亦以心無處入手，故緣炁爲之端倪，所謂「純炁之守」也。

嬰兒現形圖

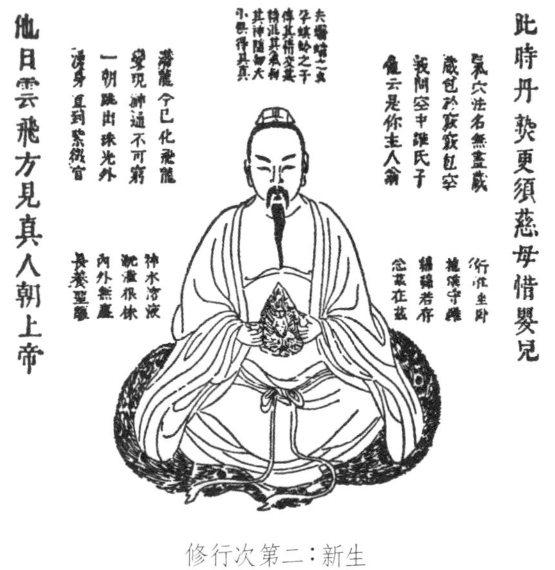

修行次第二：新生

子輩不明動字，動者以線索牽動言，即制字之別名也。即可以奔趨使之動，獨不可以純靜使之寧乎？此大聖人，視心炁之交，而善立方便，以惠後人也。丹書云：「雞能抱卵心常聽。」此要訣也。蓋雞之所以能生卵者，以暖氣也。暖氣止能溫其殼，不能入其中，則以心引氣入。其聽也，一心注焉。心入則氣入，得暖氣而生矣。故母雞雖有時出外，而常作側耳勢，其神之所注未常少間也。神之所注，未嘗少間，即暖氣亦晝夜無間，而神活矣。神活者，由其心之先死也。人能死心，元神活矣。死心非枯槁之謂，乃專一不二之謂也。佛云：「置心一處，無事不辦。」心易走，即以炁純之；炁易粗，即以心細之。如此而焉有不定者乎？

大約昏沉、散亂二病，只要靜功，日日無間，自有大休息處。若不靜坐時，雖有散亂，亦不自知。既知散亂，即是卻散亂之機也。昏沉而不知，與昏沉而知，相去奚啻千里。不知之昏沉，眞昏沉也；知之昏沉，非全昏沉也，清明在是矣。散亂者，神馳也；昏沉者，神未淸也。散亂易治，而昏沉難醫。譬之病焉，有痛有癢者，藥之可也；昏沉則麻木不仁之癥也。散者可以收之，亂者可以整之，若昏沉，則蠢蠢焉，冥冥焉。散亂尙有方所，至昏沉全是魄用事也。散亂尙有魂在，至昏沉則純陰爲主矣。靜坐時欲睡去，便是昏沉。卻昏沉，只在調息。息卽口鼻出入之息，雖非眞息，而眞息之出入，亦於此寄焉。凡坐須要靜心純氣。心何以靜?用在息上。息之出入，惟心自知，不可使耳聞。不聞則細，細則淸。聞則氣粗，粗則濁。濁則昏沉而欲睡，自然之理也。雖然心用在息上，又善要會用，亦是不用之用，只要微微照聽可耳。此句有微義，何謂照?卽眼光自照，目惟內視而不外視。不外視而惺然者，卽內視也，非實有內視。何謂聽?卽耳光自聽，耳惟內聽而不外聽。不外聽而惺然者，卽內聽也，非實有內聽。聽者聽其無聲，視者視其無形。目不外視，耳不外聽，則閉而欲內馳。惟內視內聽，則既不外走，又不內馳，而中不昏沉矣。此卽日月交精交光也。

昏沉欲睡，卽起散步，神淸再坐。淸晨有暇，坐一炷香爲妙。過午人事多擾，易落昏沉。然亦不必限定一炷香，只要諸緣放下，靜坐片時，久久便有入頭，不落昏沉睡者。

回光差謬第五

呂祖曰：諸子工夫，漸漸純熟，然枯木岩前錯落多，正要細細開示。此中消息，身到方知，吾今則可以言矣。吾宗與禪宗不同，有一步一步證驗，請先言其差別處，然後再言證驗。宗旨將行之際，予作方便，勿多用心，放教活潑潑地，令氣和心適，然後入靜。靜時正要得機得竅，不可坐在無事甲裡，所謂無記空也。萬緣放下之中，惺惺自若也。又不可以意興承當，凡太認眞，卽易有此。非言不宜認眞，但眞消息，在若存若亡之間，以有意無意得之可也。惺惺不昧之中，放下自若也。又不可墮於蘊界，所謂蘊界者，乃五陰魔用事。如一般入定，而槁木死灰之意多，大地陽春之意少，此則落於陰界。其炁冷，其息沉，且有許多寒衰景象，久之便墮木石。又不可隨於萬緣，如一入靜，而無端衆緒忽至，欲卻之不能，隨之反覺順適，此名主爲奴役，久之落於色欲界。上者生天，下者生貍奴中，若狐仙是也。彼在名山中，亦自受用，風月花果，琪樹瑤草，三五百年受用去，多至數千歲，然報盡還生諸趣中。此數者，皆差路也。差路旣知，然後可求證驗。

回光證驗第六

呂祖曰：證驗亦多，不可以小根小器承當，必思度盡衆生，不可以輕心慢心承當，必須請事斯語。靜中綿綿無間，神情悅豫，如醉如浴，此爲遍體陽和，金華乍吐也。既而萬籟俱寂，皓月中天，覺大地俱是光明境界，此爲心體開明，金華正放也。既而遍體充實，不畏風霜，人當之興味索然者，我遇之精神更旺。黃金起屋，白玉爲臺，世間腐朽之物，我以眞炁呵之立生；紅血爲乳，七尺肉團，無非金寶，此則金華大凝也。

第一段，是應《觀無量壽經》云：「日落大水，行樹法象。」日落者，從混沌立基，無極也。上善若水，清而無瑕，此即太極主宰，出震之帝也。震爲木，故以行樹象焉。七重行樹，七竅光明也。西北乾方，移一位爲坎，日落大水，乾坎之象。坎爲子方，冬至雷在地中，隱隱隆隆，至震而陽方出地上矣，行樹之象也。餘可類推矣。第二段，即肇基於此。大地爲冰，琉璃寶地，光明漸漸凝矣。所以有蓬臺，而繼之有佛也，金性即現，非佛而何？佛者大覺金仙也。此大段證驗耳。

修行次第三：神遊

現在證驗，可考有三：一則坐去，神入谷中，聞人說話，如隔裡許，一一明了，而聲入皆如谷中答響，未嘗不聞，我未嘗一聞。此爲神在谷中，隨時可以自驗。

一則靜中，目光騰騰，滿前皆白，如在雲中，開眼覓身，無從覓視，此爲虛室生白，內外通明，吉祥止止也。

一則靜中，肉身絪縕，如綿如玉，坐中若留不住，而騰騰上浮，此爲神歸頂天，久之上升可以立待。

此三者，皆現在可驗者也。然亦是說不盡的，隨人根器，各現殊勝。如《摩訶止觀》中所云：「善根發相」是也。此事如人飲水，冷暖自知，須自己信得過方眞。

先天一炁，即在現前證驗中自討，一炁若得，丹亦立成，此一粒眞黍珠也。一粒復一粒，從微而至著。有時時之先天，一粒是也。有統體之先天，一粒乃至無量是也。一粒有一粒力量，此要自己膽大，爲第一義。

回光活法第七

呂祖曰：回光循循然行去，不要廢棄正業。古人云：「事來要應過，物來要識破。」子以正念治事，卽光不爲物轉，光卽自回。此時時無相之回光也，尙可行之。而況有眞正著相回光乎。日用間，能刻刻隨事返照，不著一毫人我相，便是隨地回光，此第一妙用。淸晨能遣盡諸緣，靜坐一、二時最妙。凡應事接物，只用返照法，便無一刻間斷。如此行之，三月兩月，天上諸眞，必來印證矣。

逍遙訣第八

呂祖曰：

玉淸留下逍遙訣，四字凝神入炁穴。

六月俄看白雪飛，三更又見日輪赫。

水中吹起藉巽風，天上游歸食坤德。

更有一句玄中玄，無何有鄉是眞宅。

修行次第四：化身

律詩一首，玄奧已盡。大道之要，不外「無為而為」四字。惟無為，故不滯方所形象；惟無爲而爲，故不墮頑空死虛。作用不外一中，而樞機全在二目。二目者，斗柄也，斡旋造化，轉運陰陽，其大藥則始終一水中金（即水鄉鉛）而已。前言回光，乃指點初機，從外以制內，卽輔以得主。此爲中、下之士，修下二關，以透上一關者也。今頭緒漸明，機括漸熟，天不愛道。直泄無上宗旨，諸子秘之秘之，勉之勉之！

夫回光，其總名耳。工夫進一層，則光華盛一番，回法更妙一番。前者由外制內，今則居中禦外。前者卽輔相主，今則奉主宣猷，面目一大顚倒矣。法子欲入靜，先調攝身心，自在安和，放下萬緣，一絲不掛。天心正位乎中，然後兩目垂簾，如奉聖旨，以召大臣，孰敢不遵。次以二目內照坎宮，光華所到，眞陽卽出以應之。離外陽而內陰，乾體也。一陰入內而爲主，隨物生心，順出流轉。今回光內照，不隨物生，陰氣卽住，而光華注照，則純陽也。同類必親，故坎陽上騰，非坎陽也，仍是乾陽應乾陽耳。二物一遇，便紐結不散，絪缊活動，倏來倏去，倏浮倏沉，自己元宮中，恍若太虛無量，遍身輕妙欲騰，所謂「雲滿千山」也。次則來往無蹤，浮沉無辨，脈住炁停，此則眞交媾矣，所謂「月涵萬水」也。俟其冥冥中，忽然天心一動，此則一陽來復，活子時也。然而此中消息要細說，凡人一視一聽，耳目逐物而動，物去則已，此之動靜，全是民庶，而天君反隨之役，是嘗與鬼居矣。今則一動一靜，皆與人居，天君乃眞人也。彼動卽與之俱動，動則天根；靜則與之俱靜，靜則月窟。靜動無端，亦與之爲靜動無端；休息上下，亦與之爲休息上下，所謂「天根月窟閑來往」也。天心鎭靜，動違其時，則失之嫩；天心已動，而後動以應之，則失之老。天心一動，卽以眞意上升乾宮，而神光視頂爲導引焉，此動而應時者也。天心既升乾頂，游揚自得，忽而欲寂，急以眞意引入黃庭，而目光視中黃神室焉。既而欲寂者，一念不生矣。視內者，忽忘其視矣。爾時身心，便當一場大放，萬緣泯跡，卽我之神室爐鼎，亦不知在何所，欲覓己身，了不可得，此爲天入地中，衆妙歸根之時也，卽此便是「凝神入炁穴」。

夫一回光也，始而散者欲斂，六用不行，此爲「涵養本原，添油接命」也。旣而斂者，自然優游，不費纖毫之力，此爲「安神祖竅，翕聚先天」也。旣而影響俱滅，寂然大定，此爲「蟄藏炁穴，衆妙歸根」也。一節中具有三節，一節中具有九節，俱是後日發揮。今以一節中具三節言之，當其涵養而初靜也。翕聚亦爲涵養，蟄藏亦爲涵養，至後而涵養皆蟄藏矣。中一層可類推。不易處而處分矣，此爲無形之竅，千處萬處一處也；不易時而時分焉，此爲無候之時，元會運世一刻也。

凡心非靜極，則不能動，動則妄動，非本體之動也。故曰感於物而動，性之欲也。若不感於物而動，卽天之動也。是知以物而動，性之欲也。若不以物而自動，卽天之動也。不以天之動對天之性，落下說個欲字，欲在有物也，此爲出位之思，動而有動矣。一念不起，則正念乃生，此爲眞意。寂然大定中，而天機忽動，非無意之動乎?無爲而爲，卽此意也。

詩首二句，全括金華作用。次二句是日月互體意。「六月」卽離火也，「白雪飛」卽離中眞陰將返乎坤也。「三更」卽坎水也，「日輪」卽坎中一陽，將赫然而返乎乾也。取坎塡離，卽在其中。次二句說斗柄作用，陞降全機。「水中」非坎乎?目爲「巽風」，目光照入坎宮，攝召太陽之精是也。「天上」卽乾宮，「游歸食坤德」卽神入炁中，天入地中，養火也。末二句是指出訣中之訣。訣中之訣，始終離不得，所謂「洗心滌慮爲沐浴」也。聖學以知止始，以止至善終，始乎無極，歸乎無極。

佛以無住而生心，爲一大藏教旨。吾道以「致虛」二字，完性命全功。總之，三教不過一句：爲出死入生之神丹。「神丹」爲何？曰：一切處無心而已。吾道最秘者沐浴，如此一部全功，不過「心空」二字，足以了之。今一言指破，省卻數十年參訪矣。

子輩不明一節中具三節，我以佛家「空、假、中」三觀爲喻。三觀先空，看一切物皆空；次假，雖知其空，然不毀萬物，仍於空中建立一切事；既不毀萬物，而又不著萬物，此爲中觀。當其修空觀時，亦知萬物不可毀，而又不著，此兼三觀也。然畢竟以看得空爲得力，故修空觀，則空固空，假亦空，中亦空。修假觀，是用上得力居多，則假固假，空亦假，中亦假。中道時亦作空想，然不名爲空而名爲中矣；亦作假觀，然不名爲假而名爲中矣；至於中，則不必言矣。

吾雖有時單言離，有時兼說坎，究竟不曾移動一句。開口提云：樞機全在二目。所謂樞機者，用也。用此斡旋造化，非言造化止此也。六根七竅，悉是光明藏，豈取二目而他概不問乎？

用坎陽，仍用離光照攝，卽此便明。朱子（雲陽，諱元育，北宗法派）嘗云。「瞎子不好修道，聾子不妨。」與吾言何異？特表其主輔輕重耳。

日月原是一物，其日中之暗處，是眞月之精。月窟不在月而在日，所謂月之窟也。不然自言月足矣。月中之白處，是眞日之光。日光反在月中，所謂天之根也。不然，自言天足矣。一日一月，分開止是半個，合來方成一個全體。如一夫一婦，獨居不成室家，有夫有婦，方算得一家完全。然而物難喻道，夫婦分開，不失爲兩人。日月分開，不成全體矣。知此則耳目猶是也。吾謂瞎子已無耳，聾子已無目，如此看來，說甚一物，說甚兩目，說甚六根，六根一根也。說甚七竅，七竅一竅也。吾言只透露其相通處，所以不見有兩。子輩專執其隔處，所以隨處換卻眼睛。

榮格的評述

一、引言

1.歐洲人試圖瞭解東方所遇到的困難

我在感知上是一個徹頭徹尾的西方人，必然會對這部中國典籍的奇特性感到深深的震撼。誠然，對東方宗教和哲學的一些瞭解在一定程度上有助於我從理性和直覺方面去理解這些思想，就像我能夠從民族學或比較宗教史的角度來領會原始宗教思想中的一些悖論一樣。實際上，這是西方人用所謂科學理解的外衣來掩蓋自己內心的方式。我們這樣做，一方面是因爲學者那可憐的虛榮心作祟，害怕並拒絕表現出任何實實在在的共鳴；另一方面是因爲瞭解外來精神思想的過程中倘若投入情感，則可能會使這種接觸變成一種深刻的認同體驗。因此，所謂的科學客觀性會堅持將這部典籍留給漢學家去施展其語言學才華，並會竭力阻止對它作其他任何解釋。但是衛禮賢已深深體會到中國智慧那神秘莫測的活力，他不允許這樣一顆極具洞察力的明珠被任何一種專業學科束之高閣。他選擇讓我爲這部典籍作心理學的評述，我感到特別榮幸。

然而，這樣一來，這門稀有的學問可能會面臨被擱置到另一門專業學科的架子上的風險。可是，任何試圖貶低西方科學貢獻的人，實際上是在削弱歐洲思想的主要支柱。科學雖然不是完美的工具，但它無疑是一個極其寶貴和優越的工具，只有當它被視爲目的本身時才會帶來危害。

科學方法必須爲各門學科服務；當它篡奪主導地位時就會出錯。它必須服務於所有學科，因爲每個學科由於自身的不足，都需要其他學科的支持。科學是西方思想最好的工具，利用它可以比只靠雙手打開更多的門。因此，科學是我們理解事物的一部分，只有當人們把它看作唯一的理解方式時才會遮蔽我們的洞察力。但正是東方教給了我們另一種更廣闊、更深刻、更高層次的理解方式，卽通過生命去理解。我們只是略微知道這種方式，僅僅是從宗教術語中獲得模糊的感知，因此我們欣然將東方的「智慧」加上引號，並將它歸入宗教迷信這一晦澀領域。但這樣一來，我們就完全誤解了東方的「務實作風」。東方智慧並不是來自苦行隱士和怪人近乎病態的、情感上的、誇張神秘的直覺，而是建立在中國思想精英的實用知識之上的，我們沒有絲毫理由去低估它。

　　這種說法或許顯得極爲大膽，因此會引起一定的懷疑，但考慮到我們對這份材料知之甚少，這種懷疑是可以理解的。此外，這份材料對我們來說是如此陌生，我們不知道如何以及在何種情況下能將中國的思想世界與我們的思想世界聯繫起來，這種困惑也是完全可以理解的。在面對理解東方思想這個問題時，西方人常犯的錯誤就像《浮士德》中的學者那樣。在魔鬼的誘導下，他輕蔑地背棄了科學，轉向對東方的癡迷，並照搬他們的瑜伽功法，結果變成了可憐的模倣者（神智學就是這種錯誤的最好例證）。於是，他拋棄了西方思想那可靠的基礎，迷失在決不可能從歐洲人頭腦中產生的詞句和思想的迷霧之中，而這些東西永遠不可能成功地嫁接在西方人身上。

一位古代的修行人曾說：「邪人行正道，正道悉歸邪。」不幸的是，這句中國諺語太正確了，與我們西方人的觀念形成了鮮明的對比，我們認爲「正確的」方法無論由誰使用都一樣。實際上，在涉及此類情況時，一切都取決於人，而與方法幾乎無關。方法只是一個人爲了使其行爲能夠眞實地表現其本性而設定的道路和方向。如果方法與其本性不符，那麼這種方法就只是裝模作樣，是人爲拼湊出來的東西，既無根也無生命力，只是爲了達到自欺欺人的不正當目的。它成爲了一種欺騙自己、逃避無情的自性法則的方式。這與中國思想的腳踏實地和眞誠的特質毫無關係。相反，這是一種對自我本性的否認，是一種向陌生而不純的神祇的自我背叛，是一種爲取得精神上的優越性而採取的懦弱手段，實際上，這一切都與中國「方法」的含義背道而馳。中國的觀點源自一種完整的、眞誠的、眞正意義上的生活方式，源於中國古老的文化生活，這種生活是從深層的本能中合乎邏輯並連貫地發展出來的，而對我們而言，這種文化永遠是遙遠且不可模倣的。

西方人對東方的模倣是極具悲劇性的，因爲它源自一種心理上的誤解，這種誤解和現代人在新墨西哥、美麗的南太平洋諸島以及中非的冒險一樣荒謬無益。在這些地方，西方文明人一本正經地玩著「原始性」的把戲，目的是偷偷逃避其艱巨的任務。我們不應該模倣那些外來的東西，更不應該派傳教士去異族之地；我們要做的是對我們那已百病纏身的西方文化進行重新塑造。這項工作必須在我們的土地上完成，而且真正的歐洲人必須帶著他的婚姻問題、神經衰弱、對社會和政治的幻想及對人生哲學的一片迷茫參與其中，正如他在西方日常生活中的樣子。

我們應當坦率地承認，從根本上說，我們並不理解像這部典籍所說的徹底超脫世俗，實際上我們也不想去理解。中國人已經完全滿足了他們天性的本能需求，因此幾乎沒有什麼能阻止他們洞察世界的無形本質。我們是否覺察到他們那種能夠將目光轉向內心而達到超脫塵世的精神態度呢?或許，這種洞察力的前提是要從那些將我們束縛在有形世界的欲望、野心和激情中解脫出來?這種解脫難道不是應該源於有智慧地滿足自己的本能需求，而不是源於一種從恐懼而來的、欠成熟的壓抑？我們是否只有在遵循了世間法則後，才眞正有可能了解精神的世界？任何人只要瞭解中國文化歷史，並且認眞研究過《易經》這本幾千年來影響著中國思想的智慧之書，他都不會輕易地對這些疑問置之不理。此外，他還會明白，從中國人的角度來看，此書中闡述的觀點並不是一些非同尋常的東西，而是必然的心理學結論。

在很長一段時間裡，聖靈及聖靈的愛是我們獨特的基督教文化中最重要的價値，也是最値得追求的事物。直到中世紀後的十九世紀，聖靈開始墮落爲理智時，才迎來了人們對無法忍受的理智主義統治的反抗，這種理智主義犯了將理智與精神混爲一談的錯誤，並將理智的過失歸咎於精神，這種錯誤是可以諒解的。實際上，當理智試圖佔有精神的遺產時，確實會玷污靈魂。理智決不適合這麼做，因爲精神高於理智，精神除了理智之外，還包括情感。精神是生命的方向和本原，它追求超人的光輝之巔；與之對立的則是黑暗的、源自大地的陰性本原，它所具有的情感性和本能性有著久遠的歷史，來自人類生命延續的根源。毫無疑問，這些概念純粹是直覺上的洞察，但如果想要理解人類靈魂的本質，就不能忽略這些概念。中國不能沒有這些概念，因爲從中國哲學史中可以看出，中國從未遠離過那些核心的心靈現象，因而從未迷失於對單一心理機能的過分重視和發展。因此，中國人始終能認識到一切生命中固有的矛盾和對立。對立面之間總能找到平衡——這是高等文化的標誌。片面性雖然能帶來動力，卻是野蠻的標誌。因此，我只能將西方開始反對理智、崇尚情感和直覺的運動視爲文化進步的標誌，是超越了專橫的理智所設下的狹隘界限的意識突破。

但我絕不想低估西方理智的強大判別力，因爲在這方面，東方理智可以說還很幼稚（這當然與智力無關）。如果我們能夠成功地將另一種或第三種心靈的功能提升到與理智相當的尊貴地位，那麼西方將有望大大超越東方。因此，當歐洲人違背自己的本性，模倣東方或以任何方式「冒充」東方時，確實是很可悲。如果歐洲人能夠堅持做眞實的自己，並從自身的本性中發展出東方在數百年中從內在修得的一切成果，那麼他將有更大的發展潛力。

一般來說，從理智的不可救藥的外在角度來看，東方極爲珍視的事物對我們來說似乎並不值得追求。最重要的是，僅憑理智是無法理解東方思想對我們的現實意義，這也是爲什麼理智將這些思想僅僅歸類爲哲學和民族學的奇觀而已。我們對東方是如此缺乏瞭解，就連學識淵博的漢學家們也未能理解《易經》的實際應用，而只是把這本書視爲一部深奧的符咒集。

2.現代心理學提供了一種理解東方的可能性

我的工作實踐經驗爲我探討東方智慧找到了一種意想不到的新方法。但必須明確的是，我起初對中國哲學並無瞭解。當我開始從事精神病學和心理治療的畢生工作時，我對中國哲學簡直一無所知。只是後來我從自己的職業經歷中發現，我使用的一些技巧已無意中把我引上了一條神秘之路，這條路千百年來一直是東方智者們的研究重點。也許有人會認爲這是主觀想象——這也是我之前不願發表這方面內容的一個原因——但研究中國靈魂的權威專家衛禮賢向我公開證實了這種一致性。於是，他給了我勇氣去評述這樣一部中國典籍，儘管它本質上屬於東方心靈的神秘題材，但同時很重要的一點是，此書提到的內容與我的病人心靈成長的過程有著驚人的相似之處，而這些病人中沒有一個是中國人。

爲了讓讀者更好地理解這一奇怪的現象，我必須指出，正如人的身體有著超越了所有種族差異的相同解剖結構，人的心靈也擁有一個共同的基礎，我稱之爲「集體無意識」。這種人類所共有的無意識超越了所有文化和思想意識的差異，不僅包含了能成爲意識的內容，還包含使人產生相同反應的潛在傾向。因此，儘管人們有著各種各樣的種族差異，集體無意識只是相同大腦結構的心靈表達。由此可以解釋爲什麼世界上有那麼多相似甚至完全相同的神話主題和象徵，以及人類爲什麼可以相互理解。各種不同的心靈成長路線都出自一個可追溯至久遠過去的共同根源。這也是人類與動物在心理上有著相似之處的原因。

從純心理學的角度來看，這意味著人類擁有共同的想象和行動的本能。所有有意識的想象和行動都是從這些無意識的原型中發展起來的，並且始終與它們聯繫在一起。特別是在意識的清晰度還不是很高的時候，也就是說，當意識的所有功能更多依賴於本能而非有意識的意志，更多受情感影響而非理性判斷時，這種情況尤其明顯。這種狀態確保了原始的心靈健康，可是一旦出現對道德有更高要求的情況時，這種心靈狀態就立即變得不適應了。本能只能滿足那些秉性基本保持不變的人的需求。因此，更受無意識影響的人往往傾向於明顯的心理保守主義。這就是爲什麼原始人數千年都保持不變，而且對一切陌生和不尋常的事物感到恐懼的原因。如果他不那麼保守，就可能會導致不適應，從而面臨某種神經官能癥，這是最爲危險的。只有通過吸收不熟悉的事物才能使意識變得更高更廣。這種意識傾向於自主，傾向於反抗那些舊的神祇，而這些神祇無非是至今仍然束縛著意識的那些強大的無意識原始意象。

　　意識和有意識的意志越是強大和自主，無意識就越被推到幕後。在這種情況下，意識結構就很容易與無意識的意象分離。以這種方式獲得自由之後，意識結構就打破了純本能的鎖鏈，最終達到一種失去本能或與本能對立的狀態。於是被拔了根的意識再也不能依賴原始意象的權威，它擁有了普羅米修斯般的自由，但也帶有一種不敬神明的傲慢。它翱翔於塵世之上，甚至在人類之上，但也有著傾覆的危險，面臨這種危險的並非每一個人，而是這種社會中的意志較弱的人群。他們會像普羅米修斯一樣，被無意識綁在高加索山上。有智慧的中國人會借用《易經》的話說：當陽的力量發展到極點時，陰就產生了（陽極生陰）；黑夜從正午開始（陰生於午，由陽轉陰）。

醫生能夠看到這種陰陽的變化在現實生活中上演。例如，他看到一個成功的商人排除萬難獲得了自己想要的一切，然後在成功的巔峰時刻退出各種活動，不久之後這個人便患上了神經官能癥，變得像一個長期臥病在床的怨婦，最終徹底被毀了。由陽到陰的心態轉變已從這個情景中完全展現了出來。與此相同的是《但以理書》中有關尼布甲尼撒(Nebuchadnezzar)的傳說以及獨裁者的那種瘋狂。在我們這個過分重視有意識意志的時代，大家都相信「有志者事竟成」，神經科專家的治療中，有意識觀點的偏執以及與之相應的無意識陰性反應的病例占了相當大的部分。我絕不是想貶低有意識的意志的崇高道德價值；意識和意志不應被貶低，而應被視爲人類的偉大文化成就。但如果一種道德規範會摧毀人類，那麼它又有什麼用呢?在我看來，使意志與能力相協調比道德規範更爲重要。不惜一切代價換來的道德是野蠻的標誌，而智慧往往對人類更有益處。但也許我是從醫生的職業角度來看待這一切，因爲醫生不得不去治療在文化過度發展之後出現的種種疾病。

無論如何，事實是，意識受到無法避免的偏執所強化，使它與原始意象越來越遠，最終導致人的崩潰。早在眞正的災難發生之前，錯誤的種種跡象就已經出現，如喪失本能、神經質、迷失方向，以及糾纏於無法解決的困境和問題等。當醫生進行診療時會發現，無意識完全在反抗意識的價值觀，因此無法與意識相融合，而意識被無意識所吸納也是完全不可能的。此時，人們面臨著一個顯然不可調和的衝突，人類理性只能通過虛假的解決方案或沒有把握的妥協來應對。如果這兩種逃避手段都沒有用，那麼我們要問：所需的人格統一性到哪裡去了?是否有必要追求這種統一性?正是在這個時候，我們才開始走上東方人早已走過的道路。顯然，中國人之所以找到這條道路，是因爲他們從未將人性的對立面分開得如此遙遠，以至於失去了它們之間的所有意識聯繫。中國人之所以有這種包容的態度，是因爲是與否這兩者之間一直保持著最初的接近性，就如同原始的思維一樣。儘管如此，他們也不會感受不到對立雙方之間的碰撞，因此他們找到了一種生活方式，使自己能夠達到印度人所說的超越二元對立的境界。

我們所討論的這部典籍便涉及這種方法，而我的病人們也面臨著關於這種方法的問題。對於西方人來說，最大的錯誤就是直接開始修煉中國瑜伽，因爲這仍然涉及他的意志和意識問題，這只會加強意識對無意識的反抗，從而帶來本應避免的結果，使他的神經官能癥加重。必須充分強調的是，我們不是東方人，因此在這些事情上有著完全不同的出發點。如果認爲這是每個神經官能癥患者都必須走的道路，或者認爲這是神經官能癥的每個階段都需要用到的解決方案，那就大錯特錯了。只有當病人的意識已經發展到不正常的程度，從而與無意識偏離過遠的情況下，這種方法才有效。這種高度的意識是必要條件。如果對無意識過分占主導地位而致病的神經官能癥患者採用這種方法，那就是最大的錯誤。出於同樣的原因，這種方法對中年（通常在35歲至40歲之間）以前的人來說幾乎沒有意義。實際上，如果過早開始採用，可能會非常有害。

如前所述，我渴望找到一種新方法的原因是，在我看來，病人的根本問題是無法解決的，除非對其人性中的某一面施加壓制。我在工作中總是懷著一種信念：從根本上說，沒有解決不了的問題。經驗也證明了這一點，因爲我常常看到一些人因自己的成長而擺脫了曾經將別人壓垮的問題。更進一步的經驗表明，我所說的這種「因成長而超越」就是一種意識層次的提升。某種更高更廣的興趣出現在病人的視野中，隨著這種視野的拓寬，那些解決不了的問題顯得不那麼緊迫了。他的問題並沒有得到邏輯上的解決，而是在與一種新的、更強的人生取向對比之下漸漸消解了。它沒有被壓制而變成無意識，而只是以一種不同的形式出現，因此也變得與以前不同。那些在較低層次上造成最激烈衝突和情緒恐慌的問題，現在從人格的更高層次來看，就像是在高高的山頂上看到的山谷中的一場暴風雨。這並不是說這場雷雨不是眞的，而是說人現在不再身處其中，而是在其上方。但對心靈而言，我們既是山谷又是山頂，因此如果有人覺得自己超越了人類，那似乎是一種自視過高的錯覺。人當然會感受到情感，並爲之所動，受其折磨。但同時，這個人也覺察到有一種更高的意識能阻止他把自己與情感等同起來。這種意識會客觀地看待情感，並會對自己說：「我知道我在受苦。」我們這部典籍在談到昏沉時說：「昏沉而不知，與昏沉而知，相去奚啻千里。」[①]這一說法也完全適用於情感。

在我的實際工作中，有時會出現患者超越了自身陰暗面的情況，這種病例的觀察對我來說是最重要的經驗。與此同時，我認識到人生中那些最重大的問題是根本解決不了的，因爲它們體現了在每個自我調節系統中本來就存在的兩極性。這些問題永遠無法解決，只能超越。因此我問自己，這種超越，或者說心靈的進一步成長是不是

①出自《太乙金華宗旨·回光調息第四》。——中譯者注

不正常的?而繼續陷於衝突之中是不是一種病態呢?每個人必定都具有這種更高的層次，哪怕是以一種雛形的狀態存在，在有利的情況下，這種潛力必定能夠發揮出來。當我仔細地觀察那些悄無聲息、彷彿不知不覺地超越了自我的人的心靈成長方式時，我發現他們的命運有著相同之處。無論是來自外部還是內部，新事物從一個充滿可能性的陰暗領域進入了他們的生活，他們接受了它，並通過它進一步成長。典型的情況是，有些人是從外部接觸到這一新事物，而另一些人則是從內部接觸到這一新事物，或者更準確地說，新事物有時從外部走進一些人的心靈，有時則從內部走進另一些人的心靈，但它絕不是完全來自內部或完全來自外部。如果它來自個體之外，那麼它就會變成內在體驗；如果它來自內部，那麼它就會變成一個外部事件。但無論如何，它都不會是由目的和有意識的意願產生的，而似乎是從時間的長河之中自然流出來的。

我們總是很想把一切都變成目的和方法，所以我故意用非常抽象的術語來表達自己的觀點，以避免造成偏見。新事物不應該被分門別類，否則它就會變成可以機械複製的方式，而又成了「邪人行正道」的情況。讓我深感震撼的是，由命運安排的新事物很少或從來都不是我們意識中所期待的。更奇妙的是，儘管新事物往往與我們所知道的根深蒂固的天性相矛盾，但它卻是對整體人格極其恰當的表達，我們無法想象出比它更全面的表達方式了。

那麼這些人究竟做了什麼才使自己得以解脫、實現成長的呢？就我所見，他們什麼都沒有做（無爲），只是讓一切順其自然。正如呂祖在這部典籍中所教導的，如果不放棄自己的習性，神光就會按照它自己的規律運轉。埃克哈特大師[1]教導我們，讓一切順其自然，無爲而爲，放下自

---

①埃克哈特（Johannes Eckhart，1260—1327），德國神秘主義哲學家，神學家。——中譯者注

我，這種藝術成爲了我打開「道」之門的鑰匙。要訣就是：我們必須做到在心靈深處讓一切順其自然。對我們而言，這成了一門鮮爲人知的眞正藝術。意識總是在不斷干預、幫助、修正和否定，從不讓心靈的成長過程變得簡單一些。這本來是件很簡單的事情，但簡單是所有事情中最難的了。我們只需客觀地觀察幻念的發展，沒有什麼比這更簡單的了，但困難恰恰從這裡開始。人似乎沒有什麼幻念——好吧確實有，但這太無聊了！我們可以找出成千上萬的藉口去反駁：「我無法集中注意力」「這太無聊了」「這能有什麼用呢？」「這不過是……」，等等。我們的意識提出了衆多異議，實際上，它往往就是要抹殺掉這些自然出現的幻念，即使我們堅決要讓心靈過程順其自然地發展。在許多情況下，確實存在著一種名副其實的意識痙攣反應[1]。

如果一個人成功地克服了最初的困難，意識

①指意識的阻礙作用。——中譯者注

很可能還要去批評，並試圖對幻念進行解釋、分類、美化或貶低。意識幾乎無法抗拒要這樣做。在全面而忠實地觀察自己的內心之後，就可以放開意識的繮繩。事實上，必須要給意識足夠的自由，否則阻力會變得更大。但是，每當要產生幻念時，意識的活動就必須再次放在一邊。

在大多數情況下，這些努力的結果起初並不太鼓舞人心。這主要是幻念本身的問題，因爲人們通常都無法說清楚幻念的來源和去向。此外，捕捉這些幻念的方式也因人而異。對許多人來說寫下來是最容易的；有些人則用想象，另一些人則把它們畫出來。在意識極其缺乏靈活性的情況下，往往用手能錶達幻念，他們會塑造或畫出一些對意識完全陌生的形象。

這樣的修煉必須持續進行，直到意識的痙攣反應得到釋放，也就是說，直到能夠讓一切順其自然，這就是修煉的初期目標。這樣就創造了一種新的態度，只要是正在發生的事情，不合邏輯的、難以置信的也可以接受。這種態度對於那些已經被剛發生的事情壓倒的人來說猶如毒藥；但對於那些有著完全自覺的判斷力、只從發生的事情中選擇適合自己意識的事情，從而逐漸被生活的洪流帶離而陷入停滯的死水中的人來說，這種態度是極其寶貴的。

此時，上述兩種類型的人似乎走上了不同的道路，但都學會了接受發生在他們身上的一切。（正如呂祖所教導的：「事來要應過，物來要識破。」[①]）一些人主要接受來自外界的事物，而另一些人則接受來自內在的事物。根據人生的法則，一些人必須從外界接受一些他永遠無法從外界接受的東西，而另一些人將從內在接受一些以前總是被他排除在外的東西。

當原有的價值觀在變化中得以保留時（前提是這些價值觀不是虛幻的），這種本性的逆轉意味著人格的擴展、提升和豐富。如果這些價值觀沒有

①參見《太乙金華宗旨·回光活法第七》。——中譯者注

保留，人就會走向另一面，從健康變爲不健康，從適應變爲不適應，從意識清醒變爲胡言亂語，甚至從理智變爲精神病。這條道路並非沒有危險。一切美好的事物都是昂貴的，人格的發展也屬於最昂貴的東西。這是一種自我肯定，是將自我發展視爲最嚴肅的任務，對所做的一切保持警覺，並在所有含糊的方面始終保持關注——這確實是一項觸及我們內心深處的任務。

中國人可以把整個中國文化當作其後盾。如果他開始走上這條漫長的道路，則會被視爲做了他所能做的最好的事情。然而，西方人如果眞的想要走這條路，則會遭到理智、道德和宗教方面所有權威的反對。因此，西方人要麼模倣中國的方法而拋棄他歐洲人的根性，這會簡單很多；要麼選擇再次尋回中世紀基督教會的道路，重新築起那面歐洲之墻，以便保護眞正的基督徒免受可憐的異教徒和世界人種學研究的侵擾。對生活和命運在審美或思想上的挑逗在這裡戛然而止。邁向更高意識的步伐使其遠離了所有的庇護和安全之地。此人必須完全投入到這條新的道路中，因爲只有他的眞誠，才能使他走得更遠，並保證他所走的這條道路不會變成荒唐的冒險。

無論命運的安排是來自外部還是內部，途中的經歷和事件都是相同的。所以，我不必在此討論各種來自外部和內部的事件，因爲這些豐富多樣的事件我永遠也說不完。此外，這對我們要討論的這部典籍毫無意義。但另一方面，伴隨著進一步發展所產生的心理問題，則有很多東西值得細說。這些心理問題在這部典籍中都是以象徵的方式表達的，而我在多年的工作實踐中已經對這些象徵非常熟悉了。

二、基本概念

1.道

向歐洲人解釋這部經典及類似典籍[①]的巨大困難在於，中國作者總是開篇就說出中心思想，即其目標或目的，也就是說，他一開始就談論起他所洞悉的終極境界。因此，中國作者在開篇談論的觀點需要我們有非常全面的瞭解才能讀懂。如果一個西方人膽敢對偉大的東方智者那微妙的心靈體驗進行純理性的評論，他就會覺得自己像是在不懂裝懂地說話，甚至是在一派胡言，貽笑大方。例如，這本《太乙金華宗旨》開篇即說：「自然曰道」。《慧命經》的開篇則說：「蓋道之精

①參見柳華陽所撰的《慧命經》。

微，莫如性命」。

西方思想的一個特點是它沒有「道」的概念。中文的「道」字是由「首」和「走」這兩個字組成的。衛禮賢將「道」譯爲「意義」，其他人則將其譯爲「道路」或「天意」，耶穌會士甚至將其譯爲「上帝」。從中可見翻譯的困難。「首」可以理解爲意識，[①]而「走」可以理解爲走路，那麼「道」這個概念可以理解爲：有意識地行走，或自覺的道路。這與「天光」的概念一致，「天光」即是「居於兩目之間」的「天心」，是「道」的同義詞。性與命就包含在「天光」之中，根據柳華陽的說法，這二者是「道」最重要的秘密。「光」象徵著意識，而意識的本質又用光的比喻來表達。《慧命經》開篇的詩句是：

欲成漏盡金剛體，勤造烹蒸慧[②]命根。

---

①「首」也是「天光之所居」。

②在《慧命經》中，「性」和「意識」（慧）可以互換使用。

定照莫離歡喜地，時將真我隱藏居。

這些詩句包含了一種關於如何煉成「金剛體」的煉丹術指導，這在《太乙金華宗旨》中也有提及。「烹蒸」是必要的，即必須提升意識，以照亮精神的居所。但不僅僅是意識，生命本身也必須得到提升。這兩者的結合便產生了「慧命」。據《慧命經》所述，古代的聖賢知道如何彌合意識（慧）與生命（命）之間的鴻溝，因爲他們都是慧命兼修。「舍利由此而煉，大道由此而成。」①

如果我們將「道」理解爲一種將分離的事物統一起來的方法，我們可能就非常接近「道」這個概念的心理學內涵了。無論如何，將意識（慧）與生命（命）分離，這也許只能理解爲我前面所描述的意識的偏差或根除。毫無疑問，人能意識到這對立的兩面，也就是「回光」，這意味著與無意識中

① 引自《慧命經·漏盡圖第一》，此處「舍利」指不朽之軀。——中譯者注

的生命法則重新結合，而這種結合的目的是爲了獲得「有意識的生命」（即慧命），用中國人的話來說，就是「成道」。

2.回光和中心

正如前面所指出的，在更高的意識層次上實現對立雙方的統一①，並非是關乎理性或意志的問題，而是一種通過象徵表現出來的心靈成長過程。在歷史上，這個過程一直是以象徵的方式來表示的，而在當今，個體的個性發展依然是通過象徵性的形象來體現。我是通過以下的觀察看出這一點的。前面提到的那些自發的幻念變得更加深奧，並逐漸聚集於一些抽象結構周圍，這些抽象結構代表著「本原」，那是眞正的靈知本原（gnostic archai）。當這些幻念主要以思想的形式表現出來時，得出的就是對模糊感知到的法則

①參見我在《心理類型學》第五章中的討論。

或原則的直觀表述，而這些法則或原則往往會被戲劇化或人格化（我們稍後還會討論這一點）。如果把這些幻念畫出來，就會呈現出一些象徵圖案，即所謂的「曼荼羅」[①]。曼荼羅指的是圓圈，更特指一種神奇的圓圈，這種象徵形式不僅在東方普遍存在，在西方也能找到，中世紀時期就繪製了大量的曼荼羅。基督教曼荼羅便是來自中世紀初期。這些曼荼羅大多將基督置於中心，四位福音傳道者或他們的標誌則位於四方。這種觀念必定非常古老，因爲埃及人也是以同樣的方式來描繪荷魯斯[②]和他的四個兒子[③]（眾所周知，荷魯斯及其四個兒子與基督和四位福音傳道者有著密切的聯繫）。

---

①對曼荼羅的探討，可參見Kunstform und Yoga im Indischen Kult-bild, Heinrich Zimmer, Frankfurter-Verlagsanstalt, Berlin, 1926。

②荷魯斯（Horus）是古埃及神話中法老的守護神。——中譯者注

③參見Wallis Budge, The Gods of the Egyptians. London, 1904。

後來，在雅各布·波墨(Jacob Boehme)[1]討論靈魂的書中[2]可以看到一幅清晰且非常有趣的曼荼羅。這幅曼荼羅顯然涉及一個具有強烈基督教色彩的心靈宇宙體系。波墨稱其為「哲學之眼」[3]或「智慧之鏡」，顯然意味著一種秘密知識體系。曼荼羅的形狀大多是花朵、十字架或輪子，而且明顯傾向於以四為結構基礎(讓人想起畢達哥拉斯體系中的基本數「四元體」)。這種曼荼羅在普韋布洛印第安人儀式中使用的沙畫中也有出現。[4]但最漂亮的曼荼羅當然還是來自東方，尤其是藏傳佛教的曼荼羅。《太乙金華宗旨》中的象徵圖案也

①雅各布·波墨(Jacob Boehme，1575—1624)，德國神秘主義者和神智學家。——中譯者注

②For Forty Questions of the Soule. 1602. first English translation.

③可與中國關於兩眼之間的「天光」概念作比較。

④Matthews, The Mountain Chant. Fifth Annual Report of the Bureau of Ethnology, 1883-4, and Stevenson, Ceremonial of Hasjelli Dailjiis, Eighth Annual Report of the Bureau of Ethnology, 1886-7.

是用曼荼羅的形式來表現的。我還在精神病患者那裡發現了曼荼羅圖案，而這些患者當然對我們所談論的那些與曼荼羅相關的內容一無所知。[①]

在我的患者中，我遇到過一些女性，她們不是把曼荼羅畫出來，而是用舞蹈來展現。在印度，這種形式被稱爲「曼荼羅舞」(mandala nrithya)，舞蹈動作表達的意思與繪畫相同。我的患者對這些象徵的含義知之甚少，卻爲之而著迷，並認爲這些象徵以某種方式有效地表達了其主觀的心理狀態。

我們這部典籍旨在「揭示太乙金華的奧秘」，金華卽是光，而天光卽是道。金華是一種曼荼羅圖案，我在患者帶來的資料中經常碰到這一象徵。從上方看，它要麼被畫成一個規則的幾何圖案，要麼被畫成一朵從植物上生長出來的花。這棵植物通常有著火焰一般的鮮艷色彩，從黑暗的背景

---

①我在《分析心理學論文集》中展示了一幅由夢游癥患者所畫的曼荼羅。

中生長出來，頂部盛開著光之花，這形象與聖誕樹相似。但這樣的畫不僅僅表現了金華的形態，還暗示了它的起源，因爲根據《慧命經》的說法，「竅」就是「黃庭」「天心」「靈臺」「寸田尺宅」「玉城之帝室」「玄關」「先天穹」「海底龍宮」，也被稱爲「雪山界地」「元關」「極樂國」「無極之鄉」和「修慧命之壇」。《慧命經》上說：「修士不明此竅，千生萬劫，慧命則無所覓也。」

最初，萬物仍是一個不可分割的整體，位於無意識海底的黑暗之中。在竅中，意識和生命（「性」與「命」）仍然是一體的，「融融郁郁，似爐中之火種」。「夫竅內有君火」「漏盡之竅，凡聖由此而起」。請注意這些與火相關的比喻。我知道歐洲有一系列曼荼羅圖案，當中展示了類似於被膜包裹的植物種子漂浮在水中，而從下方深處，火焰穿透了種子使其生長，並從竅中形成了一朵碩大的金花。

這種象徵指代一種提煉和昇華的煉金術過

程；黑暗孕育出光明；從「水鄉鉛」中生出「高貴」的黃金；在生命成長的過程中，無意識變成了意識（印度的昆達裡尼瑜伽①就是個很好的例子）。通過這種方式，意識（慧）與生命（命）便能合而爲一。

我的那些患者當然不是通過暗示才創作出這些曼荼羅圖案，因爲早在我知道它們的含義及其與東方修煉功法之間的關聯之前，類似的圖案就已經有了，只是當時我對這些修煉功法一無所知。這些圖案是自然而然產生的，有兩個來源：一個源頭是無意識，它自發地產生了這些幻象；另一個源頭是生活，如果人能全身心投入到生活中，就能憑直覺感知自性。當一個人意識到自性時，便會在曼荼羅中表現出來，而無意識則會促使人去接受生活。此外，與東方觀念完全一致的是，曼荼羅不僅是一種表達方式，而且具有實際

---

①Avalon, The Serpent Power. Luzac and Co., London, 1919.

功效。它會對其創作者產生作用。曼荼羅中隱藏著非常古老的魔力，因爲它原本是由「封閉的圓圈」或者說「有魔力的圓圈」衍生而來，其魔力在無數民俗中得以留存。[①]這種圖案明顯是要在最深層人格的神聖區域周圍畫出一種神奇的原始溝槽，以防止「外泄」，或者說要通過辟邪的手段來防止由外界影響造成的偏離。這種神奇的做法無非是心理事件的投射，在這裡又反過來作用於人的心靈，就像是對自己的人格施展魔法。也就是說，通過這些具體的操作，將人的注意力或關注點重新拉回到內在的神聖領域，這裡是靈魂的源頭和終點。這個內在領域包含了生命與意識的統一。我們曾經擁有過這種統一，但後來失去了，現在必須重新把它找回來。

意識（慧）與生命（命）的統一即是道，道的象徵應該是中間的白光［參見《中陰聞教得度》（又譯

---

①我參考了Knuchel, Die Umwandlung in Kult, Magie und Rechtsgebrauch這部出色的選集。

作《西藏度亡經》）[①]〕。這道光居於「方寸」或「面」上，即兩眼之間。這些象徵圖案是爲了讓人們能注意到這個「創造性的點」，它具有強度卻沒有廣度，被認爲與象徵著廣度的「方寸」空間有關聯。這兩者合起來就構成了道。人的意識（性）以光作爲象徵，因此有強度，而生命（命）則與廣度相吻合。性屬陽，命屬陰。前面提到一幅由夢游癥患者所畫的曼荼羅，那是30年前我所觀察的一位15歲半的夢游癥女孩畫的。這幅曼荼羅的中間是一個沒有廣度的「生命能量之泉」，它噴涌時直接與相對的空間本原相碰撞。這個象徵圖案與中國人的基本思想完全相符。

在我們這部典籍中，「圍繞」這個概念是用「回光」來表示。「回光」不僅僅是圓周運動，它既表示對神聖領域的劃定，又意味著固定和集中。日輪開始轉動，也就是說，太陽被激活而開始按照自己的軌跡運行，換句話說，道開始發揮

①Evans-Wentz, The Tibetan Book of the Dead, 1927.

作用並主導萬物。有爲轉爲無爲；所有外圍的事物都服從於中心的指揮，因此經典上說：「動者以線索牽動言，卽制字之別名也。」[1]從心理學的角度來看，回光卽是「圍繞自己轉圈」，通過這種方式，人格的各個方面顯然都包含在內。有了光明與黑暗這兩極交替，也就產生了日夜交替。

「天堂的光輝與可怕的深夜永恒地交替著。」[2]

因此，回光還具有一種道德意義，它激活了人類本性中所有光明與黑暗的力量，並隨之激活了所有心理上的對立面。那意味著通過自我修行（印度人稱爲tapas，卽苦行）來實現自我認知。與絶對圓滿的人的原始概念相似的是柏拉圖所說的那種各面都是圓形且雌雄同體的人。

與此最相似的一個例子是愛德華·梅特蘭（Edward Maitland）對自己最重要的體驗的描

①見《太乙金華宗旨·回光調息第四》。——中譯者注
②引自歌德的《浮士德》。

述，他是安娜·金斯福德(Anna Kingsford) [1]的合作者。我儘可能地按照他的原話來敍述。他發現，在對一個想法進行反思時，一連串相關的想法會浮現出來，似乎能追溯到它們的源頭。對他而言，這個源頭是神聖的精神。他把注意力集中在這一系列的想法上，努力追溯它們的起源。他說：「當我想嘗試這麼做時，我完全不知道該怎麼做，也不抱任何的期待。我只是對一種官能進行實驗……我坐在寫字檯前記錄出現的結果，並決心保持對外在和外圍意識的掌控，無論我多麼深入到內在和核心意識之中。因爲我不知道一旦放棄對外在意識的掌控，我是否能重新獲得它，或者是否還能回憶起所體驗到的東西。通過堅定的努力，我終於達到了目標。因爲要同時保持

---

① 我很感激我尊敬的同事紐約的比阿特麗斯·欣克爾(Beatrice Hinkle)博士提供這份材料。其題目為：Anna Kingsford, Her Life, Letters, Diary, and Work, by Edward Maitland, Redway, London, 1896。特別參見第129頁。

對意識兩個極端的關注，這使我的精神非常緊張。」

「當我開始這種探索時，我發現自己穿過了一系列領域或者說地帶……給我的印象就像是爬上一架巨大的梯子，從一個系統的邊緣延伸到中心，而這個系統同時也是我自己的系統、太陽的系統和宇宙的系統，這三個系統既不同又相同……不久，通過我自認爲是最大和最終的一次努力……我成功地將我的意識光線都集中到期望的焦點上。就在這一瞬間，彷彿這些光線被突然點燃並融爲一體，我發現自己面對著一種不可言喻的明亮白光，光輝是如此強烈，幾乎把我逼退……儘管我覺得無需做進一步探索了，我還是決定要愼之又愼，穿透那幾乎令人眩目的光芒，看看它後面到底是什麼。經過巨大的努力，我成功了，那道光芒告訴我，我感覺到的那個東西就在那裡……那是聖子的雙重形態……未顯現的事物得以顯現，未界定的事物得以界定，未成爲個體的事物得以成爲個體，上帝作爲主，通過他的二元性證明了上帝既是實體也是力，既是愛也是意志，既是女性也是男性，既是母親也是父親。」他發現上帝像人一樣具有雙重性。此外，他還注意到了一點，也是我們這部典籍所強調的，即「止息」。他說平常的呼吸停止了，被一種內呼吸取而代之，「彷彿內部有一個不同的人而不是自己的機體在呼吸」。他認爲這就是亞裡士多德所說的「生命的本原」，以及使徒保羅所說的「內在的基督」，即「在物質和現象的人格中孕育出的精神和實質性個體，因而代表了人在一個超越了物質的境界中重生」。

這一眞實的[1]體驗包含了我們這部典籍中的所有重要象徵。這一現象本身，即看到光，是許多神秘主義者的共同體驗，這無疑有著極其

---

① 這些體驗是真實的，但其真實性並不能證明所有構成其內容的結論或信念都必定可靠。甚至在精神錯亂的情況下，人們還是會遇到完全符合邏輯的心靈體驗。

重要的意義，因爲無論何時何地，它都作爲絕對的事物出現，本身蘊含著最大的力量和最深奧的意義。希爾德加德·馮·賓根(Hildegarde von Bingen)[1]是一個重要的人物，先不談論她的神秘主義思想，她曾以類似的方式講述了她所看到的景象。她說：「從童年時代起，我總是在我的靈魂中看到一束光，但不是用外在的眼睛看到的，也不是我的心想出來的；五種外在感官都沒有參與其中……我感知到的這束光不是來自我們這個世界的，它比托起太陽的雲要明亮得多。我看不出它的高度、寬度、長度……我在這種景象中所看到和瞭解到的東西能長期留在我的記憶之中。我同時看到、聽到和知道，並在同一時刻瞭解到我所知道的東西……我無法在這光中分辨出任何形態，儘管有時我在其中看到另一種光，我稱之爲生命之光……當我陶醉於這種光的

①希爾德加德·馮·賓根(1098—1179)，中世紀德國女性神學家、作曲家、作家、哲學家。——中譯者注

景象時，所有的悲傷和痛苦都從我的記憶中消失了……」

我認識幾個熟悉這一現象的人，他們也有過切身體會。據我瞭解，這一現象似乎與一種敏銳的意識狀態有關，那是一種既強烈又抽象的「超然」意識（見下文）。正如希爾德加德恰如其分地指出，這種意識會將通常隱藏於黑暗中的心靈事件帶到意識區域來。在這種體驗中，一般的身體感覺消失了，這表明它們的特定能量已經從身體的感官中退出，顯然是爲了提高意識的清晰度。通常這一現象是自然發生的，會自己出現和消失。其影響令人驚訝，因爲它幾乎總是能解決心理上的複雜問題，從而使內在人格擺脫情感和幻想的糾纏，創造出一種完美合一的狀態，即通常感受到的「解脫」。

人靠意識的力量是無法達到這種具有象徵意義的合一狀態的，因爲在這種情況下，意識是帶有偏見的。它的對手是集體無意識，集體無意識無法理解意識的語言，因此需要使用神奇有效的象徵以簡單比喻來和無意識進行對話。無意識只有通過象徵才能觸及和表達出來，這也是個體化過程不能缺少象徵的原因。象徵一方面是無意識的簡單表達，另一方面則是與意識產生的最高層次直覺相對應的理念。

我所知的最古老的曼荼羅是一幅名爲「太陽輪」的舊石器時代作品，它是最近在羅德西亞（今津巴布韋）發現的。它同樣是根據四方原則而創作的。人類歷史上如此久遠的事物自然會觸及到無意識的最深層，並使我們能夠捕捉到無意識的存在，而意識語言在這裡則顯得相當無力。這些東西不可能是思考出來的，而只能從被遺忘的深淵中再次生長出來，這樣才能銾達出意識的最高預感和心靈的最高直覺。有著如此深邃內涵的曼荼羅能夠將當今意識的獨特性與久遠的過去融合在一起。

三、道的現象

1.意識的瓦解

每當界限分明但高度清晰的個體意識遇到集體無意識的巨大擴張時，危險就會出現，因爲集體無意識對個體意識有明顯的瓦解作用。根據《慧命經》的闡述，這種作用屬於中國瑜伽修行中特有的現象。經文提到：「分念成形窺色相，共靈顯跡……」[①]書中附有一幅插圖，畫的是一位智者在禪定之中，他的頭部有火焰環繞，火焰中現出五個人形，這五個人形又分裂成二十五個更小的人形。如果這種狀態保持不變，那就代表了一種精神分裂的過程。因此，圖解彷彿是在

①在禪定中反復出現的前世記憶亦屬於此。

警告修行者：「神火化形空色相，性光反照復元眞。」

因此，不難理解爲什麼要採用「閉閤的圓環」這種起保護作用的圖形。這個圓環旨在防止「外泄」，並保護整體的意識不被無意識割裂。此外，這種中國觀念還指出了一種減弱無意識瓦解作用的方法：經中將「分念」稱爲「空色相」，以此來儘量削弱它們的力量。這一思想貫穿了整個佛教（尤其是大乘佛教），在《中陰聞教得度》對亡者的教導中，甚至進一步指出，無論是善神還是惡神，都是需要破除的幻象。

要確定這一思想在玄學上的眞僞，這當然不在心理學家的能力範圍之內，他只需儘可能地確定什麼東西會對心靈產生影響，這就足夠了。在此過程中，他不必糾結於這個形相是否是超自然的幻覺，因爲這個問題是由信仰決定的，而不是科學。長期以來，我們所研究的領域似乎已超出科學的範疇，因此被視爲完全虛幻的。但這種看法毫無科學依據，因爲這些事物的實質並不是科學問題，無論如何，這都超出了人類感知和判斷的能力範圍，因此是無法得到證明的。心理學家關心的不是這些情結的本質，而是心靈體驗。毫無疑問，這些幻象是可以體驗到的心靈現象，具有不容置疑的自主性。它們是心靈的分系統，要麼在出神的狀態下自然出現，並產生強烈的印象和影響，要麼則以神志錯亂和幻覺的形式固定下來而成爲精神障礙，從而破壞一個人完整的人格。

精神科醫生往往傾向於相信是毒素之類的東西造成了精神分裂癥（即精神病中的心靈分裂），卻忽略了其中的心靈現象。另一方面，在心理成因導致的精神失調（如歇斯底裡、強迫癥等）中，毒性作用和細胞退化的問題根本不可能出現，但卻可以在諸如夢游的狀態下出現分裂性情結。弗洛伊德會將這些解釋爲無意識性壓抑的結果，但這種解釋並不適用於所有情況，因爲無意識中可以自發產生出一些意識無法消化的內容，在這種情況下，壓抑假說是不足以說明一切的。此外，我們在日常生活中可以觀察到這種無意識心理的自主性，它們硬是違背我們的意願闖進我們的內心，儘管我們拚命地去壓制它們，它們仍會壓倒自我意識並強迫其屈從。難怪原始人將這些心理狀態視爲附體或者丟了魂。我們的日常語言也反映了同樣的現象，例如我們會說：「他今天不對勁」「他鬼上身了」「他魂不守舍」「他失去了自制力」「他像是被附體了」。甚至在法律實踐中也承認受精神情緒影響之下可減輕部分責任。因此，具有自主性的心理內容對我們來說是非常普遍的體驗，而這些內容對意識有著瓦解的作用。

除了那些普羅大衆所熟悉的普通情緒影響外，還有更爲微妙和複雜的情緒狀態，它們不能被簡單地描述爲純粹的情感，而是複雜的心靈分系統。它們越複雜，就越具有人格的特徵。由於它們也是心理人格的組成部分，因此必然帶有人格的特徵。這些分系統出現在沒有精神性人格分裂(即雙重人格)的精神疾病中，在靈媒現象中也很常見。同樣，它們也出現在宗教現象中，因此，許多早期的神祇都是從人演變爲人格化的思想，最終變成抽象的概念。被激活的無意識內容最初總是呈現爲對外部世界的投射。在心理發展的過程中，意識逐漸將其同化並轉化爲有意識的思想，從而失去其原本自主且人格化的特徵。正如我們所知，一些古老的神祇在作爲占星學投射的載體後，變成了純粹描述性的屬性特徵(如好戰的、快樂的、憂鬱的、色情的、邏輯性強的、瘋狂的，等等)。

《中陰聞教得度》中的教導尤其讓我們瞭解到，意識受這些形象的影響而面臨著瓦解的巨大威脅。該書反復告誡亡者不要將這些形象當作眞實，不要將它們顯現的幽暗幻象與法身的純白光混淆。其意思是說，不要將意識最高層次的光芒投射到具象化的形象中，導致最終分解成多個自主的分系統。如果這一過程沒有危險，或者這些分系統不具有令人生畏的自主且分化的傾向，那麼這些緊急教導也就沒有必要了。考慮到東方人那較爲簡單的、多神論的心態，這些教導的重要性幾乎就等同於告誡基督徒不要被人格化的上帝的幻象所蒙蔽，更不用說三位一體以及衆多的天使和聖徒了。

如果分裂傾向不是人類心靈的固有特徵，那麼心靈分系統就永遠不會出現分離的現象。換句話說，世上就不會有幽靈或神祇。這也是我們這個時代是如此不信神和世俗的原因，因爲我們缺乏對無意識心靈的認識，而只崇拜意識。我們如今眞正的宗教是一種意識的一神論，我們被意識所掌控，狂熱地否認有自主的分系統存在。在這一點上，我們與佛教瑜伽教義不同，因爲我們甚至否認這些心靈的分系統是可以體驗到的。由於被壓抑的內容會以不當的形式再次出現在意識中，這就會產生巨大的心靈危險，因爲這些分系統會像其他被壓抑的內容一樣，導致產生強迫性的錯誤看法。這種情況在所有神經官能癥案例中都非常顯著，在集體心靈現象中也是一樣。在這方面，我們的時代犯了一個致命的錯誤：我們認爲可以用理智來批判宗教現象，比如像拉普拉斯①那樣，認爲上帝是一種假說，可以用理智來加以肯定或否定。人們完全忘記了一點，人類相信有「鬼神」其實與外界毫無關係，那完全取決於對自主分系統的強大內在影響的原始認知。對這種影響的名稱進行理性批評或稱它爲不眞實的，並不會使其停止發揮作用。這種影響總是以集體的方式存在，自主的心靈系統一直在起作用，因爲無意識的基本結構不會被短暫的意識波動所擾動。

如果我們否認分系統的存在，並希望通過

---

①拉普拉斯（1749—1827），法國著名天文學家、數學家，天體力學的主要奠基人、天體演化學的創立者之一，他還是分析概率論的創始人。——中譯者注

批判它們的名稱來擺脫它們，那麼它們的影響儘管仍然存在，卻無法被理解，因此也無法被意識消化吸收。這樣一來，它們就成了一種無法解釋的干擾因素，而人們最終會認爲它們存在於外界的某個地方。通過這種方式，分系統被投射了出去，同時也產生了一個危險的局面，因爲干擾作用現在被歸咎於我們自身之外的一種惡意，那必然會被認爲是來自我們的鄰居那裡。這種心理就會導致集體性的錯覺，煽動戰爭和革命，簡而言之就是導致了毀滅性的大衆精神病。

精神失常就是人被一種未被意識吸收的無意識內容所控制的狀態，而這種內容本身也無法被意識吸收，因爲意識否認了這些內容的存在。這種否定態度用宗教的語言來表達，就相當於說：「我們不再敬畏上帝，而且相信一切都可以用人的標準來衡量。」這種狂妄自大，也就是意識的狹隘，一直是通往精神病院的捷徑。有關這一問題的出色描寫，我推薦H. G. 威爾斯的小說

《克裡斯蒂娜·艾伯塔的父親》（Christina Alberta's Father）和施雷伯的《一個神經病患者的回憶錄》（Denkwürdigkeiten eines Nervenkranken）。

《慧命經》裡說的「神火化形空色相」往往能在有見識的歐洲人心中引起共鳴。這句話聽起來很有歐洲特色，似乎非常符合我們的思維方式。我們確實認爲自己已經達到了如此清晰的高度，因爲這些神祇的幻象似乎早已被我們拋到腦後了。然而，我們拋掉的只是這些字眼，而不是那些導致神靈產生的心理現象。我們依然被自己的自主心靈內容所控制，彷彿它們是神靈。如今，這些心靈內容被稱爲恐懼癥、強迫癥等，簡而言之，就是神經官能癥的癥狀。神靈已成爲疾病；如今，宙斯統治的已不再是奧林匹斯山，而是腹腔神經叢，這帶來了醫生所面對的怪人怪事，或擾亂了政客和記者的頭腦，使他們不知不覺地引起精神流行病。

因此，西方人最好不要對東方智者的秘密見

解瞭解太多，否則就會成了「邪人行正道」。西方人不應再盲目地認爲神祇是一種幻覺，而應該重新去體會這些神祇的眞實。他應該學會重新認識這些心靈力量，而不是等到他的情緒、神經狀態和瘋狂想法以最痛苦的方式向他表明，他並不是自己內心世界的唯一主人。分裂傾向是能產生影響且具有相對眞實性的心靈人格。當這些人格沒有被認出來，從而被投射出去時，它們是眞實的；當它們與意識相關時（用宗教的語言來說就是這種狀態使人們產生了崇拜），它們也是相對眞實的；但在意識開始從其內容中脫離出來時，它們就不是眞實的了。然而，只有當一個人已徹底體驗過生活百態，全身心投入到生活中而不再有未盡的職責，因此沒有什麼欲望是他不能毅然放棄時，才會出現後一種情況。換句話說，當沒有任何東西能阻擋一個人的內心去超越塵世時，意識才會從心靈內容中脫離出來。在這件事上欺騙自己是沒有用的。只要一個人還有所牽掛，就做不了自己的主人，而做不了自己的主人，就意味著還有比自己更強大的東西（「除非你還清最後一分錢，否則決不能從那裡出來。」[1]）。無論是把某個事物稱爲「狂熱」還是「神」，那都不是無關緊要的事。爲某種狂熱效勞是令人厭惡和有失尊嚴的；而爲神效勞則要有意義和有前途得多，因爲這意味著屈從於一個更高層次的、看不見的精神體。人格化使人能夠看到自主分系統的相對眞實性，從而爲消化這些內容帶來可能性，並減弱了外界生活對我們意識的衝擊力。當人不認可神的存在時，自私的欲望就會發展，而這種自私自利則會使人得病。

瑜伽教義把神的存在看作是理所當然。因此，其秘密功法僅適用於那些自身的意識之光能使其擺脫命運力量的人，從而使其進入終極的合一境界，即進入我們這部典籍所說的「虛中」「至虛至靈之神所住」。對於這些教導，「聞者千劫難

①出自《聖經·馬太福音5:26》。——中譯者注

逢」。顯然，虛幻女神的面紗僅憑理性來做決定是無法揭開的，而是需要最徹底和堅持不懈的準備，也就是要償清生活的所有債務。因爲，只要一個人仍受貪欲的支配，就揭不開這層面紗，也無法達到那種沒有內容、擺脫幻相的意識高度，這是靠任何伎倆或欺騙都實現不了的境界。這是到死時才能完全實現的理想，在那之前，眞實的和相對眞實的無意識形象還是會存在。

2.阿尼姆斯和阿尼瑪

根據這部典籍的說法，除了神以外，無意識的形象中還包括魂和魄。衛禮賢將「魂」翻譯爲「阿尼姆斯」(animus)。事實上，阿尼姆斯這個概念似乎非常適合魂。「魂」字由「云」和「鬼」組成，因此魂的意思是「云鬼」，是一種更高層次的精神靈魂，屬於陽性本原，因而是陽性的。人死後，魂上升成爲神，即「不斷延展和顯現」的神靈。而「魄」被翻譯爲「阿尼瑪」(anima)，「魄」字由「白」和「鬼」組成，卽「白鬼」，是一種低層次的、世俗的肉身靈魂，屬於陰性本原，因此是陰性的。人死後，魄下降成爲鬼，通常被解釋爲「(轉世)再來者」、幽靈或鬼魂。阿尼姆斯和阿尼瑪在人死後分道揚鑣，這種現象表明，在中國人的觀念中，它們是不同的心靈因素，具有明顯不同的作用，儘管它們最初是以一體的形式存在於「一靈眞性」中，但「旣落乾宮，便分魂魄」。「魂在天心」「晝寓於目(卽在意識中)，夜舍於肝」「此自太虛得來，與元始同形」。而另一方面，魄是「沉濁之氣也，附有形之凡心」「一切好色動氣皆魄之所爲」「覺則冥冥焉，淵淵焉……卽拘於魄也」。①

許多年前，在衛禮賢讓我瞭解這部典籍之前，我使用的「阿尼瑪」②這一概念與中國人對

①參見《太乙金華宗旨·元神識神第二》。——中譯者注

②詳盡的闡述可參見我的著作Two Essays on Analytical Psychology. Baillère, Tyndall, and Cox, London。

「魄」的定義非常相似，當然這完全不涉及任何玄學思想。對於心理學家來說，阿尼瑪不是什麼玄奧之物，而是完全在人的經驗範圍之內的東西。中國人對魄的定義也明確指出，情感狀態是直接的體驗。但是，我們爲什麼要說「阿尼瑪」而不直接說「情緒」呢？原因在於情感具有自主性，因此大多數人會受其影響。但正如我們所看到的，情感是可劃定界限的意識內容，是人格的一部分。作爲人格的一部分，情感具有人格的特徵，因此很容易被人格化，如上述例子所示，這一人格化過程至今仍在繼續。人格化並非沒有用的發明，因爲受情感影響的個體會表現出一種與平時截然不同的明確特徵。仔細的研究表明，男人的情感特徵中有著女性特點。這一心理現象產生了有關「魄」的中國學說，也形成了我的關於「阿尼瑪」的概念。更深層次的內省或出神體驗顯示，無意識中存在著一個女性形象，因此有了「anima」（阿尼瑪）「psyche」（心靈）「âme」

（法語中的靈魂）「Seele」（德語中的靈魂）等陰性詞彙。阿尼瑪也可以被定義爲意象、原型或是男性在女性方面的一切經驗總和。這就是爲什麼阿尼瑪的形象會投射爲女性的原因。衆所周知，詩歌常常描述和頌揚阿尼瑪。①阿尼瑪與中國概念中的鬼的關係對超心理學家來說很有趣，因爲「控制」往往都是針對異性。②

雖然我不得不贊同衛禮賢把「魂」譯爲「阿尼姆斯」，因爲它在語言學上是個非常合適的對應詞，但我有非常重要的理由用「理性」(logos)來表示男性的心理本質、清晰的意識和理性。中國哲學家避免了西方心理學家要面臨的一些困難，因爲中國哲學像所有古代的精神活動一樣，只是男性世界的組成部分。人們從來沒有從心理學的角

①Psychological Types, chap. V.(Ges. Werke, Bd. 6, 1960)

②《太乙金華宗旨·元神識神第二》中提到「故回光所以煉魂……即所以制魄」，魂魄異性而互相制約。——中譯者注

度去理解中國哲學的概念，因此也從來沒有探討過其在多大程度上也適用於女性心靈。然而，心理學家不能無視女性及其特殊心理的存在。這就是爲什麼我更傾向於將男性身上的「魂」譯爲「理性」。衛禮賢在他的翻譯中用「理性」(logos)來表示「性」這一中文概念，「性」也可以譯爲「本質」或「創造性意識」。人死後，魂變成神（靈體），這在哲學意義上非常接近「性」。由於這些中國概念並不是我們意義上的邏輯概念，而是直觀的感知，它們的含義只能通過它們的使用方式、漢字結構或某些關係（如魂與性之間的關係）來理解。因此，魂是人類意識和理性之光，最初來自「性」的「種子理性」(logos spermatikos)，並在人死後通過神而回歸於道。在這種用法中，「理性」這個詞就特別合適，因爲它包括了一種普遍本質的概念，因此也涵蓋了這樣一層意思：男性清晰的意識和理性能力是普遍存在的，而不是某一個體獨有的。這種意識特性也不具有人格特徵，在最深層意義上其實是非人格的，因此與完全以個人情緒來表達自己的阿尼瑪（因此會有憎恨）形成鮮明對比。

考慮到這些心理現象，我將「阿尼姆斯」一詞專門留給女性，因爲「女人沒有阿尼瑪，只有阿尼姆斯」(mulier non habet animam, sed animum)。女性心理學展示了一種與男性的阿尼瑪相對應的要素，它首先不是情感性的，而是準理性的，用「偏見」這個詞來描述最合適。與女性的意識本質相對應的是男性的情感本質，而非「心智」。心智構成了「靈魂」，或者更確切地說，是女性的阿尼姆斯。正如男性的阿尼瑪是由低層次的關係組成的，充滿了怨恨，女性的阿尼姆斯則是由低層次的判斷或者說觀點組成的。（有關這方面更詳細的論述，讀者可參見我在前文引用的文章，這裡我只能提及一般的情況。）女性的阿尼姆斯由一系列先入爲主的觀點組成，因此不太可能化身爲單一形象，而更常表現爲一組或一群人物形象。［這一現象在超心理學中有個很好的例證，那就是派珀夫人所謂的一組「天將」(Imperator) 。][1]阿尼姆斯在較低層次上是一種低級的理性，是對分化的男性心靈的誇張表現，就像阿尼瑪在較低層次上是對女性情欲的誇張表現。沿著這組對應關係繼續深入探討，我們可以說，正如「魂」對應於「性」，衛禮賢將其譯爲理性，女性的「情欲」則對應於「命」，「命」可譯爲命運。情欲是一種交織狀態，理性則是辨別的能力，是澄明之光；情欲代表著關聯性，理性則代表著分辨和分離。因此，女性阿尼姆斯中的低級理性會表現爲某種毫不相關的、從而令人無法理解的偏見，或者一種與事物本質沒有任何關係的令人惱怒的觀點。

人們常常指責我像神話那樣將阿尼瑪和阿尼姆斯人格化，但只有證明我確實以神話的方式將這些概念具象化了，這種指責才算合理。我必須明確聲明，這種人格化不是我的發明，而是現象本質的固有特性。阿尼瑪是心靈的、因而具有人

①比較Hyslop, Science and a Future Life, Boston, 1905。

格特徵的分系統，忽視這一事實是不科學的。那些指責我的人會毫不猶豫地說：「我夢見了X先生」，但準確地說，他只是夢見了X先生的表象而已。阿尼瑪不過是所討論的自主分系統的人格化特性的表象。而這個分系統在超驗意義上（即超出我們的經驗範圍）的本質是什麼，我們無法知曉。

我將男性的阿尼瑪定義爲無意識的人格化身，因此將其視爲通往無意識的橋梁，也就是與無意識發生聯繫的機能。我們這部典籍的一種說法與我的這一觀點有一種有趣的關聯。經文中提到，意識（即個人意識）來自阿尼瑪（魄）。由於西方思想是完全建立在意識之上的，因此它必然會像我那樣來定義阿尼瑪；而東方思想則相反，它建立在無意識的視角之上，將意識視爲阿尼瑪的效應！毫無疑問，意識源於無意識。我們總是忘了這一點，因此我們總是試圖將心靈與意識等同起來，或者至少將無意識看作意識的派生物或作用（例如弗洛伊德的壓抑理論）。但基於上述原因，我們不應忽略無意識的整體眞實情況，而且應將無意識的形象理解爲產生作用的因素，這是至關重要的。理解了心靈實相的意義的人就不必擔心自己會落入原始的鬼神學，因爲這一實相是得到承認的。如果無意識的形象沒有被視爲自然產生的影響因素而得到重視，我們就會成爲片面信仰意識的受害者，最終會導致精神緊張。那麼，災難必定會發生，因爲儘管我們瞭解了意識的全部內容，但我們忽視了陰暗的心靈力量。不是我們將它們人格化了，而是它們從一開始就具有人格特性。只有徹底認識到這一點，我們才能想到要將它們去人格化，即這部典籍中所說的「制魄」。

由此我們再次看到佛教與我們西方人心態之間的巨大差異，同時兩者之間又有著一種表面上的一致。瑜伽教義讓人們摒除一切幻象，我們也是如此，但東方這麼做是基於完全不同的理由。在東方，占主導地位的是一些表達了豐富的創造性幻象的觀念和教義，事實上人們必須保護自己免受幻象的過度干擾。而我們則將幻象視爲微不足道的主觀遐想。無意識的形象自然不會以抽象的、毫無裝飾的形式出現，相反，它們會交融在一張豐富多彩、令人眼花繚亂的幻網之中。東方之所以能夠不爲這些幻象所動，是因爲他們早已從中提取了精華，並將其凝練爲深奧的智慧。而我們卻從未體驗過這些幻象，更不用說從中提取精華了。我們在這方面還要積累大量的經驗，只有當我們在貌似無意義的事物中找到意義時，我們才能分辨出有價值與無價值的東西。可以確信，我們從自身的經驗中提取的東西將與今天東方提供給我們的東西完全不同。東方是在如孩童般一樣對世界所知甚少的情況下獲得了對內在事物的認識，而我們則將依靠廣博的歷史和科學知識去研究人的心靈及其深度。目前，對外部世界的瞭解確實是內省的最大障礙，但心理需求將克服所有障礙。我們已經在建立一種心理學，那是一門科學，它爲我們提供了一把鑰匙，使我們能夠進入東方僅通過異常的心靈狀態才能觸及的領域。

四、意識與客體的分離

我們通過瞭解無意識而得以擺脫其控制，這就是這部典籍的目的所在。它教導人們如何專註於內心最深處的光，同時擺脫所有外在和內在的束縛。修煉者的生命意志被導嚮一種虛無的意識狀態，而這種狀態又能涵容一切。《慧命經》在談到這種超脫境界時說道：

一片光輝周法界，雙忘寂靜最靈虛。
虛空朗澈天心耀，海水澄清潭月溶。
雲散碧空山色淨，慧歸禪定月輪孤。

這種對圓滿境界的描述呈現出一種心靈狀態，可以說是意識超脫了外部世界，回歸到一種超越塵世的境界中。如此一來，意識既空也不空，它不再爲事物的形象所擾，而僅僅是含藏它們。此前束縛著意識的世間萬物並未因此而失去豐富性和魅力，但再也無法控制意識。世間萬物的魔力已消失，因爲意識與世界最原初的交織最終被解開了。無意識不再被投射，所以與事物的原始神秘參與[1]就消除了。因此，意識不再受強迫性念頭的困擾，而轉爲如這部中國經典所說的禪定境界。

這種境界是如何產生的呢？（首先，我們認定這位中國作者不是騙子；其次，他神志清醒；第三，他是一個極有智慧的人。）要理解或解釋經中描述的這種超

①「神秘參與」是法國人類學家、社會學家、哲學家列維-布留爾（Lévy-Bruhl，1857—1939）首先提出的，他認為這種思維相信人與外界事物之間有著部分或整體的等同，二者可通過神秘的方式來彼此參與、相互滲透，形成極為獨特的認識過程。——中譯者注

脫，我們的思維需要繞個彎。模仿是行不通的，因爲沒有什麼比模倣並美化這種精神境界更幼稚的了。我在行醫過程中非常熟悉這種解脫的境界，它是我與學生和患者一起努力追求的最佳治療效果，它旨在消解原始的神秘參與。列維-布留爾以天才般的洞見提出了「神秘參與」這一概念，並認爲這是原始思維的特徵。①按照他的描述，這一思維實際上是主客體不分的巨大殘餘，這在原始人中仍具有很大的影響力，具有歐洲意識的人對此是難以理解的。只要意識不到主客體之間的分別，無意識的同一性就會占據主導地位。然後無意識會被投射到客體中，而客體則被吸收融入主體，即成爲主體心理的一部分。這樣，植物和動物像人一樣行動；人既是自己又是動物；萬物有靈，鬼神無處不在。文明人自然認爲自己遠遠超越了這些事物。然而，他一生都常常被視爲與他的父母等同，或者與自己的情感等同，而且

①Primitive Mentality. London: Allen and Unwin.

他恬不知恥地指責他人時，卻看不到自己身上也有這些問題。換句話說，他仍然保留著原始無意識的殘餘，或者說主客體未分的狀態。由於這種無意識，他受無數人、事物和環境的神奇影響，也就是說，被它們無條件地左右。他幾乎像原始人一樣，受令人不安的內容所困擾，因此也需要同樣多的辟邪物，只不過他不再用藥包、護身符和動物祭品，而是用神經藥物、神經官能癥、「啓迪」、意志崇拜等手段。

但如果人能認識到無意識與有意識共同起著決定作用，並且如果人能在生活中儘可能地體會到有意識和無意識的（狹義上說是本能的）要求，那麼整體人格的重心就會發生轉移。它不再位於只是意識中心的自我之中，而是在有意識和無意識之間的一個虛點上。這個新的中心可以稱爲「自性」。如果這種轉移能夠成功，那就不再需要神秘參與，從而形成一個可以說只在自身較低層次上受苦的人格，這個人格在較高層次上則擺脫了苦與樂。

這種高級人格的融合與誕生，正是這部典籍中所指的修成「聖胎」「金剛體」或「不壞之身」。這些表達在心理學上象徵著一種不受情感糾纏和劇烈動蕩影響的態度；簡而言之，它們象徵著從塵世中解脫出來的意識。我有理由相信，這是一種在中年以後才開始的爲死亡而做的自然準備。在精神上，死亡與出生同樣重要，都是生命中不可分割的一部分。至於已經分離的意識最終會怎麼樣，這個問題不應該問心理學家。無論他持何種理論立場，都無可避免地超越其科學能力的界限。他只能指出，典籍中關於分離的意識具有永恒性這一觀點，與各個時代及絕大多數人的宗教思想是一致的。此外，任何不這樣認爲的人都會處於人類秩序之外，因此，其心理平衡也將受到擾亂。所以，作爲一名醫生，我會在自己力所能及的範圍內盡最大努力去增強病人對永生的信念，尤其是對那些較爲年長的患者，這種問題對他們來說已經越來越迫切了。如果從心理學的角度正確看待，死亡實際上不是終點，而是一個目標。因此，人一旦度過了其巔峰時期，就開始朝著死亡邁進。

將死亡作爲目標並本能地爲之做準備，這是中國瑜伽哲學的基礎。與前半生的目標（即生育繁衍或延續壽命以達到長生不朽）類似，這種哲學把生育和延續一種心靈的精神體（「微細身」）作爲心靈存在的目的，這種微細身可確保分離的意識得以延續。歐洲人自古以來就知道有這種靈體，但他們通過完全不同的象徵和法術，以及通過信仰和基督教的生活方式來修成這種靈體。在這裡，我們再次站在與東方世界完全不同的基礎之上。這部典籍聽起來似乎與基督教的禁欲道德體系很接近，但如果認爲它們實際上是同一回事，那就大錯特錯了。這部典籍的背後是一種擁有幾千年歷史的文化，這種文化從原始本能中不斷發展、成長並超越了它，因此對我們這種開化不久的日耳曼野蠻民族所適應的殘酷道德體系毫無所知。正因爲如此，中國人缺少那種對本能強烈壓抑的衝動，而這種衝動會使我們的靈性變得過分誇張和惡劣。一個活在本能中的人也能同樣自然地擺脫本能。任何英雄式的戰勝自我的觀念都與這部典籍的含義完全相異。而如果我們盲目地遵循這部中國典籍的教導，那必然會出現這種不良的結果。

我們絕不能忘記我們的歷史背景。我們僅在一千多年前才從多神教粗陋的初級階段偶然遇上了一種高度發達的東方宗教，這種宗教將我們半野人式的富有想象力的頭腦提升到了與其心靈發展程度不相符的高度。爲了以某種方式維持這種高度，本能領域難免會受到徹底壓制。因此，宗教修行和道德就呈現出一種極爲殘酷、甚至近乎惡毒的特點。這些被壓抑的元素自然得不到發展，而是以其原始未開化的狀態潛藏在無意識中。我們想攀登哲學宗教的高峰，但實際上卻無法做到，我們最多只能朝著它逐步發展。德國人的安福塔斯[1]的傷口和浮士德的分裂尚未痊愈，其無意識中仍然充滿著必須先進入到意識層面才能從中解脫出來的內容。最近我收到以前一位患者的來信，她用簡單但富有表現力的語言描繪了這種必要的轉變。她寫道：「我從不幸中獲得了許多益處。通過保持靜默和專註，不壓抑任何東西，並接受現實——接受事物的本來面目，而不是我想要的樣子——我獲得了稀有的知識和力量，這些是我以前從未想過的。我一直以爲，我們接受事物時，事物會以某種方式將我們壓倒。現在我知道根本不是這樣的，只有接受事物，才能明確對它們的態度。[2]所以我現在打算和生活

①安福塔斯是中世紀傳說中聖杯騎士的首領，出現於瓦格納的歌劇《帕西法爾》中。他被人誘惑進邪惡的巫師的莊園裡，還被巫師刺傷，傷口流血不止，直到擁有純潔心靈的帕西法爾用聖杯碰了安福塔斯，其傷口驟然痊愈。——中譯者注

②神秘參與的消除。

做游戲，事情總在不斷地變化，無論是好是壞，是晴是陰，我都樂於接受。這樣，我也接受了自己本性中積極和消極的一面。因此，一切對我來說都變得更有活力。我以前眞是太傻了！我是多麼想迫使一切事情按照我的想法進行！」

只有基於這樣一種心態，才能達到更高的意識和文化層次。這種心態並不是要放棄基督教發展過程中所積澱的價值觀，而是以基督教的仁愛與寬容來接受自己最卑微的部分。這種心態是眞正具有宗教性的，因此也具有療愈性，因爲所有宗教都是爲了治療人們心靈上的痛苦和失調。西方理智和意志的發展賦予了我們一種近乎魔鬼般的能力去模做這種心態，儘管無意識發出抗議，但這種模做似乎很成功。然而，相反的態度遲早會以更強烈的反差使自己凸顯出來而受到重視。這種簡單粗暴的模做會帶來一種越來越不安穩的局面，隨時都可能被無意識推翻。只有當無意識的本能前提與意識的觀點獲得同等重視時，才能找到一個安穩的基礎。沒有人會無視這樣一個事實：給予無意識必要的重視，這與西方基督教尤其是新教對意識的崇拜之間存在著強烈的衝突。儘管新事物總是與舊事物對立，但只要人們渴望去理解就必然會發現，若不能更嚴肅認真地運用我們所獲得的基督教價值觀，新事物永遠無法立足。

五、圓滿

對我們來說，逐漸加深對東方精神的瞭解僅僅象徵著我們正在與內心深處的那些陌生要素建立起聯繫。否認我們自己的歷史根基是愚蠢之舉，這很容易導致意識被再次連根拔起。只有堅定地立足於自己的土壤，我們才能吸收東方精神的養分。

在談及那些不知道神秘力量的眞正源泉在何處的人時，古德說：「世人捨本逐末。」[1]東方的精神出自黃土地，而我們的精神也只能且應該出自我們自己的土地。正因如此，我處理這些問題的方法常常被批評爲「心理主義」。如果它指的是「心理學」，我會深感榮幸，因爲我就是要把所有神秘教義的玄學主張毫不留情地推到一邊。通過言語來獲取影響力的秘密動機與我們的極度無知（我們應該謙卑地承認這一點）極不相稱。我堅決要將那些聽起來具有玄學性質的事物從心理學的角度來加以理解，並盡力阻止公衆相信那些晦澀難懂而又極具影響力的話語。讓堅定的基督徒繼續堅守信仰，因爲那是他們自願承擔的義務，但非基督徒已經自願放棄了信仰的恩典（或許他們生來就註定無法產生信仰而只能去瞭解）。因此，他們無權將信仰寄託於其他地方。我們無法從玄學上去領會，而只能從心理學的角度去理解。因此，

①參見《太乙金華宗旨·逍遙訣第八》。——中譯者注

我總是剝去事物的玄學外衣，使其成爲心理學的研究對象。這樣，我至少能從中獲得一些可以理解的東西並爲我所用。此外，我還瞭解到一些以前都隱藏在象徵背後並超出我理解範圍的心理狀況和心理過程。如此一來，我也能夠走上類似所謂玄學的道路，並獲得類似的體驗。最後，如果仍有一些無法表述出來的玄學內容潛藏其中，那麼它就有了展示自己的最佳機會。

具體來說，我對偉大的東方哲學家的欽佩之情與我對其玄學的不敬態度是一樣明顯和不容置疑的。[1]我懷疑他們是象徵派的心理學家，最大的錯誤莫過於從字面上去理解他們的話。如果他們所說的眞的是玄學，那麼試圖理解他們的話是毫無意義的。但如果他們說的是心理學，那麼我們不僅能夠理解，還能從中獲益良多，因爲那樣的話，所謂的「玄學」就在可體驗的範圍之內。

---

①與西方教條主義者相反，中國哲學家對這種態度只會深感謝意，因為他們也是他們的神的主人。——衛禮賢

如果我相信有一個超越了一切人類經驗的絕對的神存在，那對我來說毫無意義。我不會影響他，他也不會影響我。但如果我知道，神是我靈魂中的一種強大動力，我就必須立刻關注他。那樣一來，神就可能變得和現實中的所有事物一樣極其平常。

對「心理主義」的指責只適用於那些自以爲能掌握自己心靈的愚者；這樣的愚者肯定不在少數，因爲儘管我們知道如何就「心靈」一事誇誇其談，但對心靈事物的貶低仍然是典型的西方偏見。如果我使用「自主心靈情結」這一概念，我的讀者就會產生一種成見：「不過是個心靈情結而已」。爲什麼人們如此確定心靈除此以外就沒有其他了呢？我們好像不知道，或者頻繁地遺忘，我們所意識到的一切都是形象，而心靈是由形象構成的。那些認爲將上帝視爲心靈的推動力量和被推動的事物（即「自主情結」）就是貶低了上帝的人，往往會被無法控制的情感和神經官能癥所困擾，他們的意志和整個人生智慧是嚴重匱乏的。這是否顯示了心靈的無能呢？當埃克哈特大師說「必須讓上帝一次次在我們的靈魂中再生」時，他也應該被指責爲「心理主義」嗎？我認爲，「心理主義」只能用來指責那些否認自主情結眞實本質的人，他們試圖將自主情結理性地解釋爲已知事實的結果，即認爲它是不存在的。這種看法和那種超越人類局限的「玄學」主張一樣傲慢，該玄學主張把我們心靈狀態的形成歸因於超出我們經驗範圍的神明。「心理主義」只是玄學那種過火態度的反面，與後者同樣幼稚。但我認爲，給予心靈與經驗世界同樣的認可，承認這二者具有同樣的「現實性」更爲合理。在我看來，心靈是一個世界，自我就包含在其中。或許也有些魚會認爲它們包含了大海。如果要從心理學的角度來理解玄學，我們就必須擺脫這種普遍的錯覺。

這部典籍中的「金剛體」就是這樣一種玄學概念，也就是說，我們必須從心理學的角度去理

解它。「金剛體」是在「金花」或「方寸」中產生的不可摧毀的氣息之身。[1]這個身體象徵著一種非凡

① 在某種程度上，這部典籍並沒有明確說明「生命的延續」是指死後繼續存在還是肉身的長生不朽。像「金丹」之類的表達含糊不清，令人費解。在後面的內容中，可以明顯看出瑜伽的教導純粹是在修煉肉身。對於較為原始的思維來說，這種身心靈同時進行的修煉並不令人困擾，生與死也不像我們所認為的那樣被視為完全對立的事物。（除了民族學資料中記載的，與此相關的一種特別有趣的現象是英國「度亡小組」的「陰間溝通儀式」，他們的觀念非常古老。）這種關於長生不朽的模糊性也出現在早期基督教中，他們採用類似的假設，即「氣息之身」的觀念，認為這是生命的主要載體。蓋萊的超心理學理論可以看作是這一古老思想的最新再現。但由於我們這部典籍中也警告人們不要迷信地應用這一理念（例如對煉金術的迷信），我們可以放心地專註於研究此書的精神內涵。在此書的教導所要求達到的狀態中，肉體的作用越來越不重要，因為它逐漸被「精神體」所取代（因此，呼吸在瑜伽修煉中的重要性得以凸顯）。這「氣息之身」並非我們西方所說的「精神體」。西方人的特點是，為了獲得知識，便將生命的物質和精神兩面分割開來，但這兩方面在心靈中是緊密聯繫在一起的，心理學必須承認這一事實。「心靈」既是物質的，也

的心理現象，因爲它是客觀的，最初會被投射或表達爲有機生命體驗所提供的形式，即果實、胚胎、嬰孩、生命體等等。這種心理現象可以簡單地表達爲：不是我在活，而是它使我活。人們認爲意識占據統治地位，這種錯覺使我們認爲：我在活。如果人們認識到無意識的存在，就會粉碎這種錯覺，那麼無意識就會顯現爲某種客觀的事物，而自我只是其中的一部分。這種對無意識的態度與原始人對兒子的感覺類似，在他們看來，兒子是自己生命的延續。這是一種極爲獨特的感覺，甚至可能以怪誕的形式表現出來，就像老黑人憤怒地對不聽話的兒子喊道：「他的身體是我的，但他居然不聽我的話!」

是精神的。我們這部典籍中的思想說的都與這個「中間境界」有關，這個境界對我們來說似乎是模糊不清且令人費解的，因為我們尚未普遍接受心靈的實在性，儘管它表達了生命的真實範疇。沒有靈魂，心智和物質一樣都是死的，因為這兩者都是人造的抽象概念。但對原始的直覺感知來說，心智是變化無常之身，而物質也有靈魂存在。

將無意識視爲某種包含自我的東西，這帶來了一種內心感受的變化，類似於一個父親在兒子出生時所體驗到的變化。我們從使徒保羅的告白中瞭解到這一變化，他說：「現在活著的不再是我，乃是基督在我裡面活著。」[①]作爲「人子」的「基督」這一象徵引發了一種類似的心靈體驗。那就好像一個有著人形的更高層次的靈體在個體中無形地誕生，這個靈體將是我們未來的居所，正如保羅所說的，就像穿在我們身上的衣服一樣（「你們受洗歸入基督的，都是披戴基督了」[②]）。顯然，用理智的語言來表達對個人的生命與福祉具有無比重要意義的微妙感覺總是不太恰當。從某種意義上說，我們要表達的是一種「被取代」的感覺，但並不意味著「被廢除」。這就像生命事宜的領導權轉移到了一個無形的中心。尼采的比喻「在深愛的束縛中自由」用在這裡就很貼切。宗教話

①出自《聖經·加拉太書2:20》。——中譯者注
②出自《聖經·加拉太書3:27》。——中譯者注

語中有大量富有想象力的表達可以描述這種自由依賴、平靜與投入的感覺。

在這種非凡的體驗中，我看到了一種由意識的分離而引起的現象。通過這種分離，主觀的「我活著」變成了客觀的「它使我活著」。這種境界感覺上比之前的境界更高，實際上就像是一種從必然伴隨神秘參與的強迫感和無法逃避的責任中解脫出來的感覺。這種解脫感完全充滿了保羅的內心。正是意識到自己是神之子，才使人擺脫了血的魔咒。同時，這也是一種與所發生的一切和諧統一的感覺，因此《慧命經》上說，修行圓滿之人的光輝會回歸到自然之美。

在保羅的基督象徵中，東西方最深刻的宗教體驗相遇了。一邊是滿懷悲哀的英雄基督，另一邊是玉城紫殿中盛開的金花，多麼鮮明的對比！多麼巨大的差異！多麼深廣的歷史鴻溝！這個問題很適合未來心理學家深入研究並造就傑作。

在當今所謂的重大宗教問題中，有一個問題

並沒有得到多少人的重視，但實際上卻是當今的主要問題，那就是宗教精神的進步。[1]談到這個問題，就必須強調東西方在對待「珍寶」這一核心象徵的不同態度。西方強調基督以人身出現在世間，甚至重視基督的人格和史實性，而東方則說「無始無終，無去無來」。按照西方人的觀念，基督徒將自己置於一個崇高而神聖的人之下，期望得到他的恩典；但東方人明白一個道理，救贖靠的是個人自己所下的「功夫」，道業要由自己來成就。效法基督永遠都有一個缺點：我們把一個人當作象徵著生命最深層意義的神聖典範來崇拜，但在盲目模仿中，我們忘記了實現自身內在的深刻意義。事實上，放棄自己人生眞正的意義並不總會讓人感到不安。如果耶穌當初這樣做了，他可能會成爲一名體面的木匠，而不是那個宗教叛逆者。如果耶穌活在今天，他可能會經歷

① 為了使意思更明確，作者在這一版中將這句話進行了擴充。——英譯者注

與當年相同的命運。

對效法基督可以有更深層次的理解，我們可以把它看作是一種本分，即以耶穌那種勇氣和自我犧牲來實現自己最深的信念，這種信念總是個人稟性最完整的表達。所幸的是，並不是每個人都承擔著成爲人類的引領者或成爲偉大的叛逆者的任務，因此，每個人完全可以以自己的方式實現自我。絶對的誠實甚至可能成爲一種理想。巨大的改革總是從最不可能的地方開始，譬如，一個人不再像過去那樣爲自己的裸露感到羞恥，這可能是接納眞實自我的開始。接下來，許多如今被嚴格禁忌的事物也將得到認可，因爲世間的實相不會永遠像德爾圖良[①]的「貞女」那樣蒙著面紗。揭開道德的面紗只是朝這一方向又邁進了一步，看啊，有一個人坦然地站在那裡，承認自己

①德爾圖良（約166—225），基督教著名的神學家和哲學家，被譽為拉丁西宗教父和神學鼻祖之一，其對基督教思想最重要的貢獻包括三位一體學說。——中譯者注

本來的樣子。如果他覺得這樣做毫無意義，那麼他就是個思維混亂的愚者；但如果他明白自己這樣做的意義，他就是更高層次的人，不管受多少苦，他都要使基督的象徵成為現實。我們可以常常看到，在宗教的早期完全具象的禁忌或神秘儀式會在下一個階段變成與心靈有關的事物，甚至變為純粹的精神象徵。外在的法則在發展的過程中會變成一種內在的信念。因此，在新教徒身上很容易出現這種現象：已經消失了多個世紀的耶穌這個歷史人物可能會成為其內在的聖人。於是在這種情況下，歐洲人就會以歐洲的方式達到類似於東方開悟者的精神境界。

這一切是人類更高層次的意識邁向未知目標的發展過程中的一步，而不是一般意義上的玄學。首先，到目前為止，這只是「心理學」，但也正因為如此，它是可以體驗和理解的。感謝上帝，這是眞實的，是一種可以有所作為的現實，一種包含著各種可能性的現實，因此它是充滿活力的。任何一個有洞察力的人都能明白，我將自己的研究限制在能夠通過心理體驗到的領域，而拒斥玄學，這並不意味著我在擺出懷疑論或不可知論的姿態去反對信仰、反對更高層次的力量。我的意思大致與康德將「物自體」①稱爲「純粹消極的界限概念」時所表達的意思相同。所有關於玄奧現象的陳述都應避免，因爲這總是人類心靈在未意識到其局限時作出的可笑猜想。因此，當我們說上帝或道是心靈的一種活動或境界時，我們只談到了可知的部分，但對不可知的部分則一無所知。對於不可知的事物，我們無法做出任何確定性的判斷。

①物自體是德國古典哲學家康德提出的哲學基本概念，又譯作「物自身」或「自在之物」。它是指認識之外的又絕對不可認識的存在之物。——中譯者注

六、結論

我爲此書撰寫評述的目的在於努力搭建一座東西方心理上互相理解的橋梁。人是實現眞正理解的基礎，因此我必須談論人的事情。這也是我只探討一般方面，而沒有深入談論具體技術問題的原因。對於那些瞭解攝影設備或發動機是什麼的人來說，技術性的指導是有價值的，但對於完全不懂這些設備的人來說，技術性的指導是毫無用處的。然而，作爲我寫作受衆的西方人正處於這種情況中，他們對自身的設備一無所知。因此對我而言，最重要的是強調東西方心靈狀態與象徵體系之間的一致性，因爲通過這些類比，一扇通往東方心靈內在殿堂的大門打開了。打開這扇大門不要求我們犧牲自己的本性，也不會使我們面臨脫離根基的威脅。此外，它不是一架知性的望遠鏡或顯微鏡，給我們展示一些與我們毫無關聯、無法觸動我們的東西。更確切地說，它是所有文明人共有的苦難、探索和奮鬥的氛圍，是自然賦予人類的關於覺醒的偉大實驗，它將最不同的文化團結在一個共同的任務之中。

西方人的意識絕不是一般意義上的意識，而是受歷史和地理因素限制的意識，它僅代表人類的一部分。我們自身意識的擴展不應以犧牲其他種類的意識爲代價，而應通過發展我們心靈中那些與異域心靈相類似的要素來實現，正如東方也無法離開我們的技術、科學和工業一樣。歐洲對東方的入侵是一種大規模的暴力行爲，它爲我們留下了一份責任，那就是理解東方的思想。這份責任也許比我們目前所意識到的更加必要。

七、歐洲的曼荼羅實例

下面這些圖畫是患者在治療過程中按照前文所述的方式創作的。最早的一幅作於1916年。所有這些圖畫的創作都沒有受到任何東方的影響。第四幅圖中有《易經》的卦象，那是因爲作者曾閱讀過由理雅各翻譯的「東方聖典系列」，但之所以將它們加入圖中，是因爲對這位接受過學術教育的患者而言，這些內容似乎對她的人生具有特別重要的意義。就我所知，沒有一幅歐洲的曼荼羅（我有相當多這類藏品）能夠達到東方曼荼羅那種從慣例和傳統中建立起來的和諧與圓滿。因此，我從各種各樣的歐洲曼荼羅中挑選了十幅畫作，至少作爲整體來看，它們應該能夠清楚地說明東方哲學與歐洲無意識思想在形成階段的相似之處。

1.所有花中最絢爛的花——金花。

2.中央是金花，向外輻射出象徵丰饒的魚（對應於密宗曼荼羅中的雷電圖案）。

3.中央是一朵發光的花，星星繞其旋轉。花的四周是有八扇門的牆。整幅畫是一扇透明的窗戶。

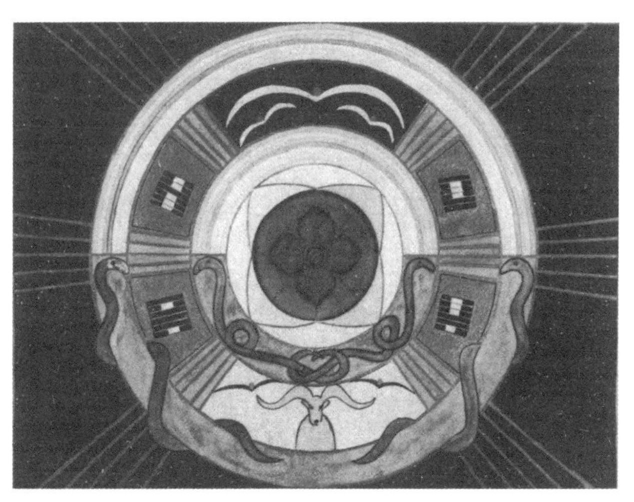

4.氣與土（鳥和蛇）的分離。中央是一朵有金星的花。

5.光明從黑暗世界中分離出來；神聖的靈魂從世俗的靈魂中分離出來。中心描繪的是冥想的狀態。

6.中央的白光在蒼穹中閃耀，第一圈是原生質的生命種子，第二圈是包含四種基本顏色的宇宙本原在旋轉，第三圈和第四圈是一種向內和向外作用的創造性力量。在四個基本方位上是陽性靈魂和陰性靈魂，它們再分為光明和黑暗。

7.象徵四元體（神聖三角）在旋轉。

8.在旋轉運動中有四種基本顏色，中央是胚囊中的孩子。

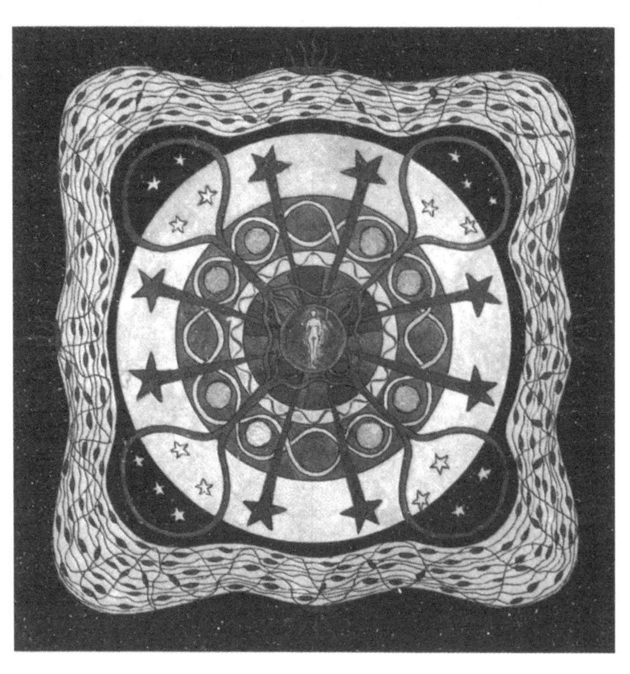

9.中央是帶有人形的胚囊，此人由源自宇宙的血管滋養著。宇宙圍繞中心旋轉，而又被中心吸引著。外圍則分佈著神經組織，表示腹腔神經叢中的活動過程。

10.一座帶有城墻和護城河的城池。內部是一條有圍墻環繞的寬闊的護城河，圍墻上有十六座塔樓，之後是另一條護城河。最裡面的護城河環繞著一座金頂城堡，正中央是一座金殿。

八、附錄 紀念衛禮賢①

榮　格

談論衛禮賢及其工作對我來說並非易事，因爲我們彼此從相距很遠的地方出發，我們的相遇就如同彗星掠過一般短暫而耀眼。或許在我認識衛禮賢之前，你們就已經認識他了，而他畢生工作的範圍之廣，我尚未完全涉獵。我既沒有見過那個最初塑造了他並持續吸引著他的中國，也不熟悉那一方的語言，那是中國乃至東方精神的鮮活表達。實際上，我是一個門外漢，站在衛禮賢所精通的廣闊知識經驗的領域之外。如果我們各自留在自己的專業領域，他作爲一名漢學家，而我作爲一名醫生，我們恐怕永遠也不會互相接

①這篇紀念演講是1930年5月10日在慕尼黑發表的。

觸。但我們相遇在一個超越學術界限的人類領域。那是我們的相交點，在那裡躍起的火花點燃了一盞明燈，對我來說，這是我人生中最有意義的事件之一。正因爲有這樣一段經歷，我才可以談談衛禮賢及其工作，並懷著感恩和崇敬的心情去緬懷這位思想家。他架起了一座連接東西方的橋梁，並將一種有著幾千年歷史的珍貴文化帶給西方。

衛禮賢擁有一種只有超越自己專業領域的人才能取得的高超造詣，因此他的學問變成一項關乎全人類的事業——不，我不應該說「變成」，而是從始至終都是如此。否則，是什麼使他擺脫了歐洲人及傳教士那狹隘的眼界呢？事實上，他一接觸到中國人靈魂的奧秘，便立刻意識到其中隱藏著對我們來說十分珍貴的寶藏，並爲這稀世珍寶捨棄了他作爲歐洲人的偏見。正是包容一切的人格和洞察一切的博大胸懷，才讓他能夠毫無保留地向一種完全陌生的精神敞開心扉，並將自己多方面的天賦和才能貢獻給它。他超越了一切基督教的怨恨，超越了一切歐洲的傲慢，這種通情達理本身就證明了他具有一種不可多得的偉大精神。相反，所有平庸之人在接觸到外來文化時，要麼盲目地喪失自我，要麼狂妄地大肆批判。他們只是觸及外來文化的皮毛，而從未品嘗到其滋味，因此也從未進入到那種精神交流的境界，那是帶來新生的最親密的交融與滲透。

通常，專家的頭腦是純粹的男性化思維，對這樣一種思維來說，「繁育」是一種既陌生又不自然的過程，因此，它特別不適合接納和培育一種外來的精神。但偉人的頭腦會帶有女性的特徵，擁有一個善於接納並能帶來成果的「子宮」，能夠將陌生的東西重新塑造成我們熟悉的樣子。衛禮賢極具這種罕見的母性精神的魅力。正是這種特質賦予了他出類拔萃的能力，使他能夠深入領會東方精神，從而造就了他那些無與倫比的翻譯作品。

在我看來，衛禮賢最偉大的成就是他對《易經》的翻譯和評述。在我得知有衛禮賢的譯本之前，多年以來我一直採用的是理雅各那個不夠完善的譯本，因此我能夠充分認識到這兩個譯本之間的巨大差異。衛禮賢成功地以一種生動的新形式使這部古老的著作煥發生機。不僅許多漢學家，甚至許多現代中國人都將這部著作視爲一堆荒誕的神奇規則。然而，或許沒有哪部作品比《易經》更能體現中國文化的精神。幾千年來，中國最傑出的思想家都在研究這部著作，並爲其做出貢獻。儘管它有著不可思議的古老歷史，卻從未顯得過時，至少對那些理解其意義的人來說，它仍然充滿活力並發揮著作用。我們這群人能夠得此恩惠，也要歸功於衛禮賢那富有創造性的努力。他通過細緻的翻譯和自己的切身體會拉近了我們與這部著作的距離。他既是一位中國傳統國學大師的學生，又是中國瑜伽心理學的入門者，對他而言，《易經》的實際應用是一種不斷更新的體驗。

除了這些豐富的饋贈以外，衛禮賢還給我們留下了一項任務，其重要性之大，我們現在可能有所察覺，但肯定無法完全理解。像我這樣有幸在與衛禮賢的精神交流中親身體驗過《易經》占卜能力的人，不可能長時間忽視這樣一個事實：我們已經觸及到一個可以撼動我們西方心態根基的阿基米德點。衛禮賢爲我們呈現出一幅包容廣闊且豐富多彩的異域文化畫卷，這確實是一項非同小可的功績，但更重要的是，他還將中國精神的鮮活胚芽傳遞給了我們，這顆胚芽能使我們的世界觀發生根本性的改變。我們不再僅僅是心懷敬仰或喜歡批判的旁觀者，而是在體驗到《易經》生命力的過程中，成爲了東方精神的參與者。

或許我可以這麼說，《易經》應用所依據的機制顯然與我們西方的科學因果世界觀存在明顯的矛盾。換句話說，它極其不科學，甚至是我們所忌諱的，因此超出了我們科學判斷的範圍，是我們無法理解的。

幾年前，時任英國人類學會會長問我，如何解釋像中國這樣擁有高度智慧的民族卻沒有發展出科學這一現象。我回答說，這實際上是種「視覺上的錯覺」，因爲中國確實有科學，其代表作就是《易經》，但和中國的許多其他事物一樣，這種科學的原理與我們西方的科學原理完全不同。

《易經》的科學並不是基於因果原理，而是基於一種我們未曾遇到過因而尚未命名的原理，我姑且稱之爲「同步性原理」。我長期從事無意識過程的心理學研究，這使我不得不尋找另一種原理來進行解釋，因爲因果原理似乎不足以解釋無意識心理學中的某些顯著現象。因此，我發現了一些心理上的平行現象，它們之間並沒有因果關聯，但必定是通過其他一系列事件聯繫起來的。在我看來，這種聯繫本質上在於相對的同時性，因此我使用了「同步性」這個詞。確實，時間似乎並非一個抽象概念，而是一種具體的連續體，它包含的性質或基本條件在不同的地方同時表現出來，而不能用因果對應關係來解釋，例如，有些案例中會碰巧出現相同的思想、象徵或精神狀態。另一個例子是衛禮賢指出的中國和歐洲風格時期的同時性，它們之間絕不可能存在因果聯繫。如果占星術有經過徹底驗證的結果，它會是同步性的一個絕佳例子。但至少已有一些占星術的結果經過充分驗證，並有大量統計數據作爲支撐，這樣一來，對占星術進行哲學研究似乎是有價值的。（這一學問在心理學上是受到認可而沒有諸多限制的，因爲占星術代表了古代所有心理學知識的總和。）

從一個人的生辰八字中能夠充分構建出其性格，這一事實體現了占星術的相對有效性。但人的出生從來都不取決於實際的天文星座，而是取決於一個任意的、純粹概念化的時間系統，由於有歲差的現象，春分點早已越過了零度白羊宮。眞正準確的占星術推斷並不是基於星座的影響，而是基於我們假設的時間特性。換句話說，凡是在這個時刻出生的人或發生的事情都具有這個時刻的特質。

這也是《易經》應用的基本原理。衆所周知，人們通過操作蓍草或硬幣這種純粹基於偶然的方法來獲得表徵該時刻的六爻卦象。該時刻是什麼樣的，蓍草便會以什麼樣的方式落下。唯一的問題是：公元前1000年，文王和周公是否正確解讀了蓍草落下所形成的偶然圖像？對此，只有經驗才能做出判斷。

應我的請求，衛禮賢在蘇黎世心理學俱樂部作首次講座時演示了《易經》占卜的方法，同時做了一次預測，而這次預測在不到兩年的時間裡就完全精準無誤地應驗了。這件事情可以通過許多類似的體驗得到進一步證實。然而，我並不是要客觀地證明《易經》預言的有效性，而是像我已故的朋友衛禮賢一樣，把它作爲一個前提。因此，我只打算討論一個令人驚嘆的現象，那就是通過《易經》的卦象可以讀出該時刻的隱秘性質。這裡涉及的是事件之間的關係，《易經》的應用不僅類似於占星術，而且與占星術的本質相關。出生對應於落下的蓍草，星座對應於卦象，而對星座的占星解釋則對應於卦辭。

這種以同步性原理爲基礎的思維在《易經》中達到了頂峰，它是中國思想最純粹的表達。在我們西方的哲學史中，這種思維自赫拉克利特①之後便已不見蹤影，只在萊布尼茨②的思想中稍有回響。然而在這期間，它並沒有完全消亡，而是繼續存在於逐漸沒落的占星術中，直至今天依然停留在這一層次。

就在這時，《易經》剛好滿足了我們內心進一步發展的需求。神秘學在我們這個時代得到了眞正無可比擬的復興，幾乎使西方思想的光芒黯

---

① 赫拉克利特（約前544—前483年），古希臘哲學家。——中譯者注

② 萊布尼茨（1646—1716），德國自然科學家、哲學家、數學家，被譽為「十七世紀的亞裡士多德」。——中譯者注

然失色。我這裡並不是指我們的高等學府及其代表。我是一名醫生，經常接觸普通人，因此我知道大學已經不再是光明的傳播者。人們已經對科學的專業化和理性主義的唯理智論感到厭倦。他們渴望聽到那些能使他們變得更加開闊而非狹隘的眞理，那些能夠給他們帶來啓發而非困惑的眞理，那些能夠深入他們骨髓而不是一帶而過的眞理。這種追求有可能會將大量的公衆引入歧途。

當我想到衛禮賢的成就和意義時，我不禁想起那位將首個《奧義書》譯本帶到歐洲的法國人安克蒂爾·杜·佩隆（Anquetil du Perron）。就在那個時期，近1800年來第一次發生了聞所未聞的事情，理性女神將基督教的上帝從巴黎聖母院的寶座上趕了下來。如今，比當時的巴黎更加聞所未聞的事情正在俄羅斯發生，而基督教在歐洲已變得如此衰弱，連佛教徒都認爲此時是向歐洲傳教的良機。正是在此時，衛禮賢像是被歐洲靈魂選中一般，從東方爲我們帶來了新的光明。衛禮賢感到自己肩負著這一文化使命，他意識到東方能夠爲治療我們精神上的困境提供幫助。

一個乞丐不會因爲我們慷慨地直接給他施捨而眞正得到幫助，儘管他會渴望得到那樣的施捨。我們若能指引他通過工作永久擺脫貧困，那才是對他更好的幫助。不幸的是，我們這個時代的精神乞丐都太傾向於接受東方的施捨，也就是說不假思索地獲取東方的精神財富，並且盲目地模倣其做法。對於這種危險，再多的警告也不爲過，衛禮賢對此也有著非常淸晰的認識。僅僅是新鮮感或神經上的新刺激無法幫助歐洲的精神。中國花了幾千年建立起來的東西，我們是偸不來的；要眞正擁有它，我們必須學會通過自己的努力去獲得它。東方給予我們的只不過是一種幫助，工作還是要我們自己去做。如果我們拋棄自己的文化根基，彷彿它們是過時的謬誤，並像無家可歸的海盜一樣，偸偸摸摸地寄居在外國的海岸上，那麼《奧義書》的智慧或中國瑜伽的洞見對我們又有什麼用呢?如果我們對自己的問題視而不見，帶著陳舊的偏見過著人爲安排的生活，掩蓋自己眞實的人性及其所有危險、隱秘的元素和黑暗，那麼東方的洞見，尤其是《易經》的智慧，對我們又有什麼意義呢?這種智慧的光芒只在黑暗中閃耀，而不會出現在歐洲意識與意志的聚光燈下。如果我們聽說過中國的屠殺、秘密社團的邪惡勢力，以及平民百姓那難以形容的貧困、糟糕透頂的骯髒與罪惡，我們才能隱約體會到其中的恐怖，《易經》的智慧便是在這樣的背景下產生的。

如果我們想要體驗到鮮活的中國智慧，就需要有一種眞正立體的生活。因此，我們首先需要我們歐洲自己的眞理。我們的道路始於歐洲的現實，而不是會讓我們脫離現實的瑜伽修煉。我們定要在更廣泛的意義上繼續衛禮賢的翻譯工作，才能無愧爲這位大師的學生。正如他將東方的精神財富轉化爲歐洲人能理解的意思，我們也應該將其中的意義轉化爲生活。

大家都知道，衛禮賢將「道」這個核心概念翻譯爲「意義」。將「意義」轉化爲生活，也就是實現「道」，這是學生的任務。但言辭和好的戒律是無法產生「道」的。我們眞的知道「道」是如何在我們內心或周圍產生的嗎?是通過模倣、理性，還是通過意志的雜耍?我們感覺到這些方式對於這項任務來說都顯得荒謬且不相稱。但我們該從何入手呢?如果我們不能以眞正的歐洲方式，卽在現實中解決這個問題，衛禮賢的精神還會在我們心中或與我們同在嗎?還是說，這最終只是一個反問句，而答案只能淹沒在掌聲之中?

讓我們看向東方：那裏正經歷著一種勢不可擋的命運。歐洲的大炮炸開了亞洲的大門，歐洲的科學技術、歐洲的世俗心態和貪婪正在涌入中國。我們在政治上征服了東方。你們知道羅馬帝國在政治上推翻了近東時發生了什麼嗎?東方的精神進入了羅馬，密特拉[①]成爲了羅馬的戰神，而從小亞細亞最不起眼的角落裡誕生了一種新的羅馬精神。難道今天就不會發生同樣的事情嗎？我們可能就像那些有教養的羅馬人一樣盲目，對基督徒的迷信感到驚訝。值得注意的是，英國和荷蘭這兩個在亞洲的主要殖民大國也是受印度神智學影響最深的國家。我知道我們的無意識中充滿了東方的象徵，東方的精神實際上就在我們的門前。因此，在我看來，對「意義」的實現，對「道」的追尋，已經在我們當中成爲一種集體現象，其普遍程度遠遠超過我們一般的想象。例如，今年德國心理治療師大會上邀請衛禮賢和印度學家豪爾做關於瑜伽的演講，我認爲這是一個非常重要的時代標誌。試想，對一個直接與遭受病苦因而接受性強的患者打交道的從業醫生來說，去接觸東方的治療體系意味著什麼！如此一

①密特拉（Mithra），波斯神話中的光明之神。——中譯者注

來，東方的精神穿透我們的每個毛孔，並觸及歐洲最脆弱的地方。它可能是一種危險的傳染病，但或許也是一種良藥。在西方世界，巴比倫式的語言混亂已經造成了嚴重的方向迷失，以至於每個人都渴望更簡單的眞理，或至少是那些不僅僅觸動頭腦、還能打動內心的一般道理，它們能夠爲心靈帶來清明，爲不安的情緒帶來平靜。就像古羅馬人一樣，我們今天再次引入各種異國的迷信，以求從中找到治愈我們疾病的良方。

人類的本能知道，所有偉大的眞理都是簡單易懂的，因此本能薄弱的人往往認爲偉大的眞理就存在於一切廉價的簡化和陳詞濫調中。又或者，他們會因失望而陷入了相反的謬誤之中，以爲偉大的眞理必定極爲晦澀和複雜。如今，普通群衆中出現了一種諾斯替式①的運動，這在心理

① 諾斯替主義（Gnosticism），又譯為「靈知主義」，是一種早期基督教時期的宗教哲學思潮，大約起源於公元1世紀至2世紀。諾斯替主義者認為，通過個人經歷所獲得

上與1900年前的那場運動完全一致。那時就和今天一樣，像偉大的阿波羅尼奧斯①這樣的孤獨漫游者編織出精神的絲線從歐洲帶回到亞洲，也許到了遙遠的印度。

從這樣的歷史角度來看，我認爲衛禮賢就像是一位偉大的諾斯替中介，他將亞洲的文化遺產與希臘精神聯繫起來，從而使一個新的世界在羅馬帝國的廢墟上崛起。那時就和現在一樣，盛行的是空洞乏味、思想膨脹、品味低下和內心不安。那時就和現在一樣，精神的大陸被淹沒，只剩下幾座孤峰像小島一樣在茫茫的洪水中突顯出來。那時就和現在一樣，各種歪門邪道引誘著人們的心靈，假先知的麥子在田間茂盛生長。

在各種歐洲觀點的嘈雜聲中，聽到來自中

的「知識」或「靈知」(gnosis)，可使他們脫離無知及現世。——中譯者注

①阿波羅尼奧斯(Apollonius，約公元前262—公元前190年)，古希臘數學家，與歐幾裡得、阿基米德齊名。——中譯者注

國的信使衛禮賢那簡單樸素的語言，眞是一大幸事。我們從中可以看出，他的這種語言受到了質樸純眞的中國思想的熏陶，而中國思想能夠用簡單的語言表達出深刻的道理。這種語言揭示了大道至簡和深刻義理的質樸率眞，並帶給我們金花的清香。它溫柔地滲透進來，在歐洲的土壤中種下了一株柔嫩的幼苗，使我們在經歷了肆意妄爲與妄自尊大的陣痛後對生命和「意義」有了新的體會。

衛禮賢對東方的這種外國文化表現出了異常的謙遜，這在歐洲人中是非常罕見的。他沒有對其設置任何障礙，沒有偏見，也沒有驕傲自大，而是向它敞開心扉。他讓自己被這種文化所吸引和塑造，因此當他回到歐洲時，他不僅在精神上，而且在本質上給我們帶來了一個眞實的東方形象。他無疑是要付出巨大的犧牲才有這種深刻的轉變，因爲我們的歷史背景與東方完全不同。西方意識的敏銳及其突出的問題必須在東方更爲普遍、更爲平和的本性面前弱化，西方的理性主義及其片面的判斷也必須讓位於東方的寬廣與簡樸。對衛禮賢來說，這些轉變不僅意味著思想觀點的轉變，還意味著他人格構成的實質性重組。如果他不能讓自己內心的歐洲屬性退居幕後，他絕不可能給我們呈現出這麼完整的東方圖景，沒有任何不可告人的動機，也沒有任何暴力的痕跡。如果他讓東西方在自己心中毫不留情地相互衝突，他就無法完成爲我們展示眞實的中國這一使命。

衛禮賢在各個方面都圓滿地完成了他的使命。他不僅使我們能夠接觸到古代中國思想的寶藏，而且正如我所指出的，他還帶來了已歷經數千年的中國精神之根，並將其植入歐洲的土壤中。隨著他任務的完成，他的傳道事業達到了頂峰，但不幸的是，也來到了它的終點。根據中國人深刻領悟的「物極必反」定律，一個階段的結束即迎來其相反階段的開始。因此，陽在達至頂峰時就轉變爲陰，正面就變爲反面。我是在衛禮賢人生的最後幾年才與他接近的，那時我注意到，隨著他畢生事業的完成，歐洲和歐洲人越來越向他靠近，實際上是在困擾他。與此同時，他內心產生了這樣的感覺：他可能正站在一場巨大變革的邊緣，而他還不太清楚這場變革的本質。他只知道自己面臨著一個重大的危機。他身體上的疾病與這種心靈成長並行不悖。他的夢中充滿了對中國的回憶，但那些畫面總是很悲傷淒涼，這清楚地證明了他內心這些中國的內容已經變爲負面的了。

沒有什麼是可以被永遠犧牲掉的。所有事物返回時，形態都會有所改變。在做出過巨大犧牲的地方，當被犧牲掉的東西返回時，必須要有一個健康而有抵抗力的身體來承受巨大變革所帶來的衝擊。因此，這種巨大的精神危機如果發生在虛弱的病體上，就往往意味著死亡。如今祭刀就握在被當作犧牲品的他自己的手中，曾經是獻祭者的他則要付出死亡的代價。

顯然，我在這裡已經將自己的個人觀點和盤托出，因爲如果我不說出我和衛禮賢交往的經歷，我又怎麼去談論他呢?衛禮賢畢生的工作對我來說具有極大的價值，因爲它解釋和印證了我在應對歐洲的心理疾病時所探尋、追求、思考和實踐的許多內容。聽他用清晰的語言來陳述那些從歐洲無意識的混亂中隱約浮現在我眼前的東西，這對我來說是極爲重要的經歷。事實上，我覺得他極大地豐富了我的閱歷，我從他那裡得到的東西似乎比從其他人那裡得到的都要多，因此我才不揣冒昧地站在悼念他的講臺上，表達我們所有人對他的感激和敬意。

｜《漁樵問對》
｜古籍書局
｜定價：HK$58

｜《漁樵問對淺釋》
｜古籍書局
｜定價：HK$68

｜《觀物內外篇》
｜古籍書局
｜定價：HK$68

｜《村學究語》
｜古籍書局
｜定價：HK$68

｜《朱子讀書法六課》
｜古籍書局
｜定價：HK$68

｜《寒窰賦》
｜古籍書局
｜定價：HK$58

｜《王陽明傳》
｜古籍書局
｜定價：HK$78

｜《大醫問津》
｜古籍書局
｜定價：HK$88

｜《所有發生，皆為你而來》
｜古籍書局
｜定價：HK$78

｜《中國歷代政治得失》
｜古籍書局
｜定價：HK$280

｜《菜根譚》
｜古籍書局
｜定價：HK$280

｜《教子要言　教子圖說》
｜古籍書局
｜定價：HK$280

《三字經、百家姓、千字文、弟子規》
古籍書局
定價：HK$22

《大學 中庸》
古籍書局
定價：HK$28

《論語》
古籍書局
定價：HK$58

《孟子》
古籍書局
定價：HK$68

《道德經》
古籍書局
定價：HK$28

《了凡四訓》
古籍書局
定價：HK$32

《聲律啟蒙》
古籍書局
定價：HK$28

《笠翁對韻》
古籍書局
定價：HK$28

《周易》
古籍書局
定價：HK$58

《幼學瓊林》
古籍書局
定價：HK$58

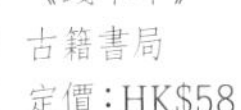

《錢本草》
古籍書局
定價：HK$58

《金花的秘密》
古籍書局
定價：HK$48